O trabalhador no mundo contemporâneo

Psicodrama nas organizações

Dados Internacionais de Catalogação na Publicação (CIP)
(Câmara Brasileira do Livro, SP, Brasil)

Almeida, Lucia
   O trabalhador no mundo contemporâneo : psicodrama nas organizações / Lucia Almeida. – São Paulo : Ágora, 2004.

Bibliografia.
ISBN 85-7183-880-1

1. Psicodrama 2. Trabalhadores – Relações profissionais 3. Trabalho – Aspectos psicológicos 4. Trabalho e classes trabalhadoras I. Título.

04-0742   CDD-158.7

Índice para catálogo sistemático:

1. Psicodrama nas organizações :
   Psicologia do trabalho   158.7

Compre em lugar de fotocopiar.
Cada real que você dá por um livro recompensa seus autores
e os convida a produzir mais sobre o tema;
incentiva seus editores a encomendar, traduzir e publicar
outras obras sobre o assunto;
e paga aos livreiros por estocar e levar até você livros
para a sua informação e o seu entretenimento.
Cada real que você dá pela fotocópia não autorizada de um livro
financia o crime
e ajuda a matar a produção intelectual de seu país.

O trabalhador no mundo contemporâneo

Psicodrama nas organizações

Lucia Almeida

EDITORA
ÁGORA

O TRABALHADOR NO MUNDO CONTEMPORÂNEO
Psicodrama nas organizações
Copyright © 2004 by Lucia Almeida
Direitos desta edição reservados por Summus Editorial

Capa: **Estúdio Graal**
Editoração: **All Print**

Editora Ágora
Departamento editorial:
Rua Itapicuru, 613 – 7º andar
05006-000 – São Paulo – SP
Fone: (11) 3872-3322
Fax: (11) 3872-7476
http://www.editoraagora.com.br
e-mail: agora@editoraagora.com.br

Atendimento ao consumidor:
Summus Editorial
Fone: (11) 3865-9890

Vendas por atacado:
Fone: (11) 3873-8638
Fax: (11) 3873-7085
e-mail: vendas@summus.com.br

Impresso no Brasil

Sumário

Apresentação 7

Introdução 9

1 A realidade contemporânea e o mundo do trabalho 19

2 Socionomia: um enfoque educacional 50

3 O processo metodológico de uma experiência socionômica 74

4 Análise científica de uma experiência socionômica 87

Considerações finais 155

Bibliografia 161

Anexo 1 – Modelo da ficha de inscrição 164

Anexo 2 – Modelo do termo de aceite 165

Anexo 3 – Registro dos encontros 166

*Para Pedro, Isabela,
João Pedro e àqueles que
ainda vierem enriquecer
o meu papel de avó.*

Apresentação

A formação acadêmica em História e posteriormente em Psicodrama, encontrando-se com a experiência profissional em empresa, criaram um tecido vibrante e colorido de apresentação de uma intervenção socioeducacional na área organizacional.

O *locus* onde o trabalhador contemporâneo brasileiro corre o risco de distanciar-se de si próprio foi delineado pela historiadora, articulando um diálogo entre Chesneaux, Castells e Antunes. Debateram características do cenário internacional globalizado, o impacto do desenvolvimento tecnológico e os reflexos na realidade brasileira, caracterizando o campo atual de trabalho e justificando a relevância da intervenção.

Os parâmetros para a identificação de um trabalhador competente para lidar com os desafios da contemporaneidade, autor de seu papel profissional, instrumentado para a criação de alternativas singulares para a sua realidade foram criados pela profissional da área organizacional, no terreno da subjetividade humana. Construiu quatro indicadores para a avaliação da eficácia da intervenção.

A psicodramatista presenteia o leitor com o seu "pulo do gato". Embora o potencial transformador de intervenções vivenciais esteja amplamente reconhecido, tem sido pouco descrita a importância da ativação do processo grupal para a criação no aqui-e-agora do contexto necessário para o desenvolvimento do indivíduo no grupo. Descrevendo o processo de construção da identidade profissional, a autora exemplifica a transformação individual e coletiva na vivência grupal, com todas as estratégias detalhadas. Nesse percurso, o Projeto Socionômico criado por J. L. Moreno é revitalizado por um diálogo criativo entre seu criador e alguns pensadores da atualidade.

8 LUCIA ALMEIDA

Atualmente, os patrocinadores de intervenções psicossociais, governamentais e não governamentais têm solicitado projetos com objetivos definidos e parâmetros para a avaliação dos resultados. Configura-se um novo paradigma para as ações socioeducativas, necessariamente planejadas, com indicadores quantitativos e qualitativos para avaliação da eficácia. As intervenções sociopsicodramáticas aproximam-se de uma pesquisa-ação, intervindo em dimensões afetivas, cognitivas e sociais, passíveis de avaliação qualitativa. A autora exemplifica este modelo, privilegiando aspectos subjetivos na análise da produção do grupo e de cada sujeito.

Profissionais que trabalham com grupos em diferentes áreas de aplicação, psicodramatistas ou de outras abordagens teóricas, encontrarão nesta obra referenciais para a ampliação do olhar sobre a subjetividade humana e o impacto das condições socioculturais produzindo o sofrimento psíquico. Avaliando a aplicação criteriosa da metodologia socionômica, a autora destaca que "a vivência da emoção libera o sujeito, criando condições para o crescimento, para mudanças, para o novo, para desafios, para a transformação", expressando a amplitude do que foi apresentado.

O grande diferencial deste texto é iniciar um percurso fecundo para os psicodramatistas contemporâneos, de reflexão sobre a sua prática profissional. A utilização crescente de indicadores de eficácia como parâmetros para o planejamento e avaliação de resultados promoverá novos avanços no Psicodrama brasileiro.

Heloisa Junqueira Fleury

Psicóloga psicodramatista,
Pós-graduanda em Ciências pela Faculdade
de Medicina da USP.
Ex-presidente da Febrap – Federação
Brasileira de Psicodrama,
Membro da diretoria da IAGP – International
Association of Group Psychotherapy

Introdução

Colocar o papel profissional em cena requer construir o cenário no qual a ação se desenrola. Esse cenário constitui-se da realidade contemporânea, seus impactos e desafios, decorrentes das mudanças tecnológicas, econômicas, sociais e culturais. E o ator é o trabalhador moderno que vive e atua nesse cenário. Mas qual a forma mais adequada para o desempenho do papel profissional? Como manter-se permanentemente preparado diante dessa realidade? E como preservar a identidade do papel profissional? Entendemos que a socionomia – e o psicodrama como parte constituinte – seja um instrumento facilitador para repensar e recriar o papel profissional posto em xeque pelos desafios da modernidade. Este trabalho apresenta uma estrutura teórica e empírica, construída com o objetivo de exemplificar essa possibilidade. Sua origem está em minha dissertação de mestrado apresentada à Universidade São Marcos, São Paulo, em outubro de 2001. Dessa data até dias de hoje o cenário do mundo do trabalho não sofreu alterações significativas para melhor. Ao contrário, o sofrimento das pessoas só fez aumentar.

O psicodrama faz parte da minha história pessoal e profissional desde o final da década de 1960. Em 1970 participei do V Congresso Internacional de Psicodrama, em São Paulo, como aluna, uma vez que ainda era estudante de História na Universidade de São Paulo – USP. Dentre as várias atividades, assisti a um ateliê de aplicação do psicodrama à educação, quando foi construído um conceito de biologia. Fiquei absolutamente encantada com a possibilidade de ensinar História de uma forma que naquele momento parecia-me mágica. Outras experiências somaram-se a

10 LUCIA ALMEIDA

esta, e o aprender psicodrama tornou-se uma necessidade, não apenas como ferramenta de trabalho, mas principalmente como filosofia para uma maneira de ser e agir com os outros, em que a emoção era respeitada, central e cuja estrutura metodológica permitia tornar sentimentos tangíveis.

Comecei minha formação em psicodrama pedagógico com Maria Alicia Romaña em 1970, que na época morava em Buenos Aires e vinha periodicamente a São Paulo. Durante suas ausências tínhamos aula com outros profissionais em fase mais adiantada de formação psicodramática. Essa primeira etapa durou um ano e meio. Continuei meu processo de formação na Associação Brasileira de Psicodrama e Sociodrama de São Paulo, que tinha constituído o curso de formação em psicodrama pedagógico havia não muito tempo, e que, por razões de ajuste curricular, cursei mais um ano e meio, concluindo em 1973.

Apesar de não ter utilizado a formação acadêmica em História em minha vida profissional, ficaram marcas importantes que me influenciam até hoje. Busco traçar a perspectiva histórica nos trabalhos que realizo, seja em nível teórico-acadêmico ou no trabalho com grupos no âmbito do psicodrama, realizando o resgate das histórias de vida, para melhor compreensão das questões e atitudes do tempo presente. Essa mesma perspectiva auxilia a entender o momento histórico no qual vivemos e atuamos e a dimensão do homem como sujeito histórico, assim como a compreensão do movimento da História, que parece cada vez mais acelerado. Tal compreensão é valiosa para a condução de grupos no âmbito organizacional.

Somando à minha experiência como psicodramatista, professora supervisora, está o trabalho realizado em empresa durante mais de 20 anos na área de treinamento e desenvolvimento de pessoas, desenvolvendo cursos denominados no ambiente empresarial "cursos comportamentais",[1] em que o referencial teórico de Moreno foi sempre o grande norteador. E o psicodrama tem de-

---

1. Em linguagem empresarial, refere-se ao desenvolvimento de atitudes e habilidades, compreendendo o emprego de um ou mais métodos ou a combinação entre eles, por exemplo: jogos dramáticos, vivências, exercícios estruturados e vários outros, além do referencial teórico sobre o tema em pauta.

monstrado ser uma forma extremamente adequada para um aprendizado significativo, para o autoconhecimento, para a compreensão da dinâmica do ser humano e dos grupos.

O cenário da realidade contemporânea é formado por profundas mudanças que vêm ocorrendo no mundo do trabalho, provocadas pelo processo de globalização, com diferentes intensidades e formas nos vários países, mas impactando a todos. No Brasil, o processo de desestatização das empresas públicas, fusões, incorporações, redução dos quadros de empregados, horizontalização das estruturas hierárquicas, reorganização das empresas e várias outras práticas estão alterando significativamente o mundo do trabalho.

A reorganização organizacional ocorre para fazer face a uma série de mudanças, tais como o aumento da concorrência num mercado globalizado e altamente competitivo, a perda de lucratividade, a necessidade de aumento da produtividade e o impacto das novas tecnologias em informática, entre outras.

Naturalmente todas essas mudanças têm um forte impacto na vida dos trabalhadores, redundando na alteração de práticas e processos produtivos e drástica redução dos quadros técnicos e gerenciais, o que abala a cultura, as relações, a auto-estima das pessoas, em síntese, o clima das organizações. Para Teixeira (1997), "A desestabilização da cultura produziu um deserto emocional", comprometendo seriamente a qualidade de vida dos trabalhadores empregados.

Dejours (2000) aponta o crescente sofrimento dos que trabalham. Para o autor,

> O sofrimento aumenta porque os que trabalham vão perdendo gradualmente a esperança de que a condição que hoje lhes é dada possa amanhã melhorar. [...] a relação com o trabalho vai-se dissociando paulatinamente da promessa de felicidade e segurança compartilhadas.

Além do ritmo alucinante do trabalho e as pressões do dia-a-dia, soma-se o medo da demissão. O autor diz que "são seus empregos que se precarizam pelo recurso possível aos empregos precários para substituí-los". [Entre as conseqüências da precarização estão a] "intensificação do trabalho e o aumento do sofrimento subjetivo".

Os impactos da globalização nas empresas estão relacionados também à questão da educação permanente. No que tange às organizações, o aprendizado deve fazer parte do dia-a-dia de todos os empregados em todos os níveis e funções, visando a eliminação de erros, desperdícios, rapidez de respostas, aumento de produtividade etc.

O sucesso de uma organização depende cada vez mais do conhecimento e das habilidades, da motivação e da criatividade de seus empregados.

A educação permanente pode ser realizada de várias formas, como atividades de treinamento e desenvolvimento, treinamento no posto de trabalho (*job training*) e autodesenvolvimento. Todas as formas implicam oportunidades de crescimento profissional e estão voltadas para os aspectos técnicos e comportamentais. Tanto um quanto outro são fundamentais para o sucesso da organização e para o sucesso de sua força de trabalho, buscando assim adaptar-se continuamente aos desafios da realidade contemporânea. Ou, como afirma Teixeira, "é primordial que se construam ambientes organizacionais onde as pessoas possam criar, crescer e sobretudo ver respeitadas suas individualidades".

Nesse escopo, norteamos o processo de investigação realizado, que fundamenta a parte empírica deste trabalho. Entendemos que o desenvolvimento profissional não deve estar vinculado tão-somente às necessidades organizacionais, mas principalmente às necessidades individuais, de crescimento e aprimoramento como ser humano, integrado, capaz de produzir, sentir e tomar decisões em relação à própria vida, pessoal e profissional. Buscamos o desenvolvimento da criticidade, da reflexão, da auto-estima; preservar o humano em cada um. Ao final de processos de desenvolvimento, focados no comportamental, os trabalhadores saem reenergizados, redundando, em geral, em benefício para a empresa em que trabalham, pois o aumento da autoconfiança, da auto-estima e a redução do sofrimento subjetivo melhoram o desempenho profissional dos trabalhadores.

O mercado de trabalho está dividido entre o mundo do emprego, que possui carteira assinada e que a cada dia fica mais re-

O TRABALHADOR NO MUNDO CONTEMPORÂNEO 13

duzido, e o mundo do trabalho, representado pela terceirização,[2] trabalho em tempo parcial, por projeto, temporário e outros mais e que aumenta a cada dia. Nessa perspectiva, é fundamental para o trabalhador estudar sempre, independentemente de idade ou sexo, ou nas palavras de Pastore (2000), "À juventude só resta se preparar adequadamente. Aos mais velhos, atualizar-se no que é possível", o que implica educação continuada para estar preparado para o mercado. Mas, além do conhecimento teórico, de que mais um profissional precisa? Necessita desenvolver suas melhores habilidades e características, suas potencialidades, seus talentos e, naturalmente, reconhecê-los, bem como reconhecer seus pontos fracos e buscar minimizá-los. Porém, essa tarefa envolve antes de mais nada o autoconhecimento, indispensável a um desenvolvimento pessoal e profissional e à própria sobrevivência do humano nesse mundo contemporâneo. Necessita também desenvolver o que o mercado espera dele como profissional.

Entre as novas habilidades requeridas pelo mercado de trabalho, a inovação e a criatividade passaram a ser elementos essenciais ao processo de desenvolvimento dos empregados, numa perspectiva de empregabilidade,[3] uma vez que as empresas precisam

---

2. Segundo Giosa (1997: 11), terceirização significa a "contratação, via prestação de serviços, de empresas especializadas em atividades específicas, que não cabem ser desenvolvidas no ambiente interno da organização", que concentra seus esforços em sua atividade principal, representada pelo negócio em que atua. A terceirização, inicialmente, voltou-se aos chamados "serviços tradicionais", como administração do restaurante, limpeza, segurança, manutenção predial. Com a crescente necessidade de centrar o foco no negócio da empresa, a terceirização ampliou-se para outros segmentos, considerados "serviços especializados", como assessoria jurídica, recrutamento e seleção, treinamento e desenvolvimento de pessoas, manutenção técnica, marketing, telemarketing. A empresa contratante exige qualidade, preço, prazo e inovações do terceirizado, liberando-se das obrigações trabalhistas e encargos sociais.

3. Para Minarelli (1995: 11), "mais importante do que ter emprego é ter *empregabilidade*, que é a condição de ser empregável, isto é, de dar ou conseguir emprego para os seus conhecimentos, suas habilidades e atitudes intencionalmente desenvolvidos por meio de educação e treinamento sintonizados com as novas necessidades do mercado de trabalho". Segundo o autor, "a palavra empregabilidade é tão nova que ainda não consta dos

estar na vanguarda, buscando desde simples soluções para o dia-a-dia da organização até soluções complexas e sistêmicas, a fim de fazer frente à competitividade do mercado. A mudança, hoje, faz parte do cotidiano organizacional, e os empregados, em todos os níveis hierárquicos, precisam estar preparados para responder aos seus desafios. Afinal, o sucesso da empresa representa o sucesso profissional para cada um, seja por meio da manutenção do emprego ou uma possível recolocação no mercado de trabalho.

Dessa forma, novos conhecimentos, comportamentos, habilidades e atitudes se fazem necessários e urgentes. A educação permanente é uma realidade praticada hoje pela maioria das empresas, e seu esforço está voltado tanto para os aspectos referentes aos conhecimentos teóricos como aos comportamentais, que envolvem principalmente atitudes e valores individuais e grupais. Trabalhar em equipe, ter qualidade, flexibilidade, resposta rápida, autonomia, habilidades interpessoais, além das já comentadas criatividade e inovação, tornaram-se palavras de ordem no interior das organizações.

Vivemos em um mundo globalizado, em que desafios, mudanças, incertezas são variáveis permanentes do cotidiano das pessoas e, em particular, dos profissionais. Nesse cenário, justifica-se pesquisar sobre o desenvolvimento do papel profissional. O espaço que o psicodrama cria é protegido, e nele as pessoas podem vivenciar, experimentar formas novas e diferentes de atuação profissional, sendo levadas a refletir sobre as questões angustiantes que estão sendo colocadas pela modernidade e procurar, juntas, alternativas adequadas às suas realidades. O grupo propicia o continente necessário às trocas sobre dúvidas, perplexidades, medos, comuns a quase todos os seres humanos produtivos. Estabelece um fórum ativo e afetivo para o desenvolvimento profissional de cada um. O método psicodramático tem na ação o seu ponto fundante, além de propiciar a troca de experiências e a possibilidade de aprendizado por meio do outro, podendo tor-

---

dicionários" (p. 37) e apresenta um significado voltado ao emprego do que se sabe, do conhecimento, das características, habilidades, dos talentos, permanentemente dirigidos a gerarem trabalho e, conseqüentemente, receita para o sujeito.

O TRABALHADOR NO MUNDO CONTEMPORÂNEO 15

nar-se um instrumento facilitador para repensar e recriar o papel profissional, posto em xeque pelos desafios da modernidade.

O psicodrama é uma das partes constituintes da obra teórica de Moreno – a socionomia, tratada no Capítulo 2, que versa sobre a fundamentação teórica moreniana. Numa perspectiva histórica, encontramos o psicodrama pedagógico, desdobramento do psicodrama moreniano, idealizado por Maria Alicia Romaña, que considera o ano de 1969 a data oficial da apresentação do psicodrama pedagógico, durante o IV Congresso Internacional de Psicodrama realizado em Buenos Aires.

Segundo Romaña, o psicodrama pedagógico, por ela denominado método educacional psicodramático, é adequado ao desenvolvimento de papéis, facilitação das relações sociais, vivência de novos conceitos, e à aprendizagem.

O desenvolvimento do presente estudo requer a contextualização da realidade contemporânea articulada à realidade do mundo do trabalho atual e a importância de repensar o papel profissional nesse contexto.

O cenário da realidade contemporânea e o mundo do trabalho estão tratados no Capítulo 1 do presente trabalho. Acreditamos que seja um desafio para o homem moderno, inserido nessa realidade, desempenhar o papel profissional, mantendo sua identidade profissional, não se permitindo fragmentar pelas demandas da realidade moderna. Novos critérios de empregabilidade são exigidos, e com enorme rapidez muda a configuração do quadro de trabalho, o que justifica estudar o desenvolvimento do papel profissional por meio do método psicodramático, como uma alternativa para o processo de educação permanente e continuada. Visando traçar um contorno para a modernidade, centramos nosso referencial teórico em três principais autores: Chesneaux, Castells e Antunes. Nossa escolha foi feita segundo a abordagem analítica de cada autor e que, a nosso ver, complementam-se harmoniosamente. Chesneaux preocupa-se em estudar o impacto das mudanças na subjetividade humana, apontando com muita acuidade os sentimentos do homem moderno, as alterações ocorridas com a idéia de espaço e tempo, definindo o cenário onde esse homem vive e atua; Castells realiza uma análise ampla das transformações mundiais provocadas pela expansão das novas tecnologias e o alto impacto no mundo do trabalho. Os resultados das análises dos dois autores estão fundamentadas em realidades de outros países, aplicando-se também ao Brasil. E Antunes, autor nacional, que apresenta estudo voltado para a nossa realidade, complementando assim o cenário do mundo do trabalho atual que desejamos estabelecer, articulado aos reflexos que a realidade contemporânea desencadeia na maneira de ser e agir das pessoas, em particular do trabalhador.

O referencial teórico e conceitos fundamentais do psicodrama como parte componente da teoria socionômica de Moreno e a caracterização do psicodrama pedagógico estão apresentados no Capítulo 2. O psicodrama pedagógico é, hoje, denominado oficialmente psicodrama aplicado, de acordo com a Federação Brasileira de Psicodrama – Febrap. Ao longo deste trabalho utilizaremos ambas as formas, não por mero saudosismo da época de minha formação, mas porque considero a palavra "pedagógico" mais significativa e adequada à sua finalidade, indicando de maneira mais apropriada seu objetivo maior, qual seja, o de propiciar aprendizagem, crescimento, construção de conhecimento ao indivíduo e ao grupo, ou, em outras palavras, aprendizagem individual e coletiva.

Para a realização da investigação foi constituído um grupo de pesquisa em uma empresa, cuja caracterização está apresentada no Capítulo 3, dedicado à metodologia do presente estudo. A natureza desse trabalho conduziu-nos à pesquisa qualitativa e ao estudo da subjetividade humana. O Capítulo 4 cuida da análise e discussão dos dados obtidos na pesquisa, buscando articular o referencial teórico apresentado nos Capítulos 2 e 3 ao processo grupal.

Este trabalho procurou estudar o psicodrama como alternativa metodológica ao desenvolvimento[4] do papel profissional, considerando a importância desse papel perante os desafios da modernidade. Quando visamos desenvolver o papel profissional, não estamos focando tão-somente o desenvolvimento voltado para a organização, mas principalmente focado no sujeito, esperando

---

4. A expressão desenvolvimento, neste trabalho, apresenta o significado de crescimento, progresso, melhoria, em conformidade com o significado dado pelas atividades de treinamento e desenvolvimento de pessoas em âmbito organizacional.

que ele se aproprie desse papel, assuma sua autoria e possa vir a desempenhá-lo no local e na forma de sua livre escolha. Desejamos resgatar sua auto-estima, autoconfiança, por meio do desenvolvimento do autoconhecimento, única forma de possibilitar coragem para assumir e defender sua identidade profissional.

Nossa proposta é verificar a contribuição da teoria moreniana nos processos de reflexão e recriação de atitudes voltadas para o desempenho do papel profissional no cenário da realidade contemporânea.

1

A realidade contemporânea
e o mundo do trabalho

Buscar compreender a realidade contemporânea e aprender a conviver com essa realidade, sem, entretanto, perder a identidade, o sentido da vida e, em particular, o do trabalho, parece-nos o grande desafio da atualidade.

Delinear o contorno do mundo moderno e, nele, do mundo do trabalho na atualidade significa atentar para o permanente processo de mudança instalado no dia-a-dia das pessoas, e em particular, dos profissionais. A modernidade encontra na mudança um dos seus signos representativos. Afinal vivemos na era das mudanças, e elas se tornam cada vez mais rápidas, em todos os segmentos da vida – econômico, tecnológico, social, político, cultural, científico –, afetando cotidianamente as pessoas, a família, o trabalho, e isso em âmbito mundial. Outras marcas desse início de século e milênio são percebidas pelo ritmo cada vez mais rápido, pelo efêmero, pela banalização da vida das pessoas, pelo poder do mercado, pelo consumismo, pelo crescimento do individualismo e tantos outros aspectos que impactam a vida de todos nós.

Buscamos em determinados autores, como Chesneaux, Castells e Antunes, que nos ofereceram as principais idéias para a construção deste capítulo, bem como em outros, análises e percepções que fossem complementares para a montagem do cenário da realidade contemporânea e do mundo do trabalho, sem naturalmente esgotá-la, pois essa construção acontece ininterruptamente, infinitamente.

Ao somarmos depoimentos e artigos veiculados na mídia a estudos acadêmicos, ideamos tecer um cenário para a contempora-

20 LUCIA ALMEIDA

neidade mais próximo da realidade deste início de milênio, como também trazer à discussão a atual realidade brasileira. Fomos buscar embasamento em Moreno, que, ao escrever sua obra, partiu do real, das vivências cotidianas dos indivíduos para sua construção teórica, reconhecendo no cotidiano a grande fonte de estudo e análise. Por meio dos trabalhos realizados com meninos nos jardins de Viena, com refugiados tiroleses, com prostitutas vienenses, com o povo no teatro da espontaneidade, subsidiou suas idéias, reflexões e percepções no processo de construção da teoria psicodramática.

Portanto, ao buscarmos embasamento no modelo moreniano de construção do pensamento, e realizarmos um esboço para a cena atual onde se desenrola a vida profissional, encontramos – não só em depoimentos dados à mídia por estudiosos, como em reportagens de revistas e jornais – um conteúdo real de situações, sentimentos, percepções e visões sobre o cotidiano do mundo moderno com suas implicações e perplexidades.

Nesse enfoque, a entrevista publicada no primeiro domingo do ano 2000, em um dos principais jornais do Rio de Janeiro, é representativa da atualidade, desenhando o cenário da realidade contemporânea, abordando o futuro sustentado das pessoas, o mundo tecnológico e o mundo do trabalho que estão em permanente processo de mudança – mudança que pode representar oportunidade ou ameaça, dependendo de como "... será o amanhã?" – título da entrevista.

Para o professor Paulo Vaz (2000: 3-6),

> estamos aprendendo que no nosso cotidiano acontecem coisas que portam em si o futuro, mas esse futuro é, em sua característica mais marcante, incerto. Temos como única certeza que as mudanças vão continuar a acontecer, em ritmo cada vez mais veloz, mas é impossível saber em que direção. [...] E essa incerteza é nova. É sobretudo uma incerteza de cenário. Não sabemos o que o mundo vai ser. Tudo muda rapidamente. [...] As profissões, que anteriormente duravam, hoje se transformam no decorrer de nossas vidas. [...] É uma incerteza própria do mundo tecnológico.

Para o professor Muniz Sodré (2000: 3-6),

o capitalismo ainda continua imbatível. Mas é um capitalismo diferente. Agora ele é financeiro, tecnológico e global. O desenvolvimento técnico e científico ilimitado é sua última utopia. A forma dominante de relacionamento do homem com a realidade passa a ser a tecnologia. Entende que a ética do futuro é o contraponto para o excesso de informação promovida pela tecnologia e para a virtualização das relações sociais; é uma ética do presente, da preocupação com os filhos, com o trabalho.

Ianni (1996) amplia a idéia de um capitalismo diferente, global, que impacta não só o mundo do trabalho, como todas as relações sociais, convergindo com a opinião emitida pelo professor Sodré. Ianni afirma que o capitalismo "está presente em todas as nações e nacionalidades, independentemente de seus regimes políticos e de suas tradições culturais ou civilizatórias". O capitalismo é a base do processo de globalização, que está mudando rapidamente a maneira de ser dos povos, mesmo resguardando suas regionalidades e tipicidades. Modifica ainda e profundamente as noções de espaço e tempo. Os meios de comunicação divulgam notícias e informações em tempo real. O homem se relaciona virtualmente com outro, realiza seu trabalho de forma virtual, o que necessariamente altera o modo de ser e de pensar das pessoas, gerando insegurança e incerteza, coincidindo com a opinião dos professores na entrevista anteriormente mencionada.

No que tange ao mundo do trabalho, Antunes (1999) afirma que o desemprego estrutural apresenta-se como o resultado mais desastroso do capitalismo contemporâneo, atingindo todo o planeta.

Pode-se dizer, de maneira sintética, que há uma *processualidade contraditória* que, de um lado, reduz o operariado industrial e fabril; de outro, aumenta o subproletariado, o trabalho *precário* e o assalariamento no setor de serviços. Incorpora o trabalho feminino e exclui os mais jovens e os mais velhos. Há, portanto, um processo de maior *heterogeneização*, *fragmentação* e *complexificação* da classe trabalhadora.

A subproletarização do trabalho à qual Antunes se refere compreende o trabalho temporário, parcial, terceirizado, o da economia informal etc., tão em voga no Brasil atualmente. Ao par dessa

22 LUCIA ALMEIDA

situação segue-se uma demanda pela flexibilização da legislação trabalhista vigente. Essa é uma tendência mundial e nacional.

O historiador Marshall Berman (1989), ao discorrer sobre a mudança nos tempos atuais, a qual só está se acelerando, traduz com maestria o sentimento que a modernidade proporciona às pessoas. Define modernidade como "um tipo de experiência vital – experiência de tempo e espaço, de si mesmo e dos outros, das possibilidades e dos perigos da vida – que é compartilhada por homens e mulheres em todo o mundo, hoje". Essa definição contém a contradição básica da modernidade – "possibilidades e perigos" ou, em outras palavras, oportunidades e ameaças que, ao mesmo tempo que fascinam as pessoas, representam grandes desafios. Essa realidade acentua a necessidade do autoconhecimento, envolve a questão da alteridade, da educação permanente, no processo continuado de desenvolvimento das pessoas, na conquista de uma forma de ser e agir que propicie sustentação.

Berman complementa afirmando que,

> ser moderno é encontrar-se em um ambiente que promete aventura, poder, alegria, crescimento, autotransformação e transformação das coisas em redor – mas ao mesmo tempo ameaça destruir tudo o que temos, tudo o que sabemos, tudo o que somos. A experiência ambiental da modernidade anula todas as fronteiras geográficas e raciais, de classe e nacionalidade, de religião e ideologia: nesse sentido, pode-se dizer que a modernidade une a espécie humana. Porém, é uma unidade paradoxal, uma unidade de desunidade: ela nos despeja a todos num turbilhão de permanente desintegração e mudança, de luta e contradição, de ambigüidade e angústia. Ser moderno é fazer parte de um universo no qual, como disse Marx, "tudo o que é sólido desmancha no ar".

O sociólogo inglês Anthony Giddens (1991) define modernidade como um

> estilo, costume de vida ou organização social que emergiram na Europa a partir do século XVII e que ulteriormente se tornaram mais ou menos mundiais em sua influência. [...] Hoje, no final do século XX [...] estamos alcançando um período em que as conseqüências da modernidade estão se tornando mais radicalizadas e universalizadas do que antes.

Além da modernidade, [...] podemos perceber os contornos de uma ordem nova e diferente, que é pós-moderna.

O autor discorda da utilização do termo pós-moderno para caracterizar os tempos correntes, a chamada "sociedade pós-industrial" marcada pelo descontinuísmo. A descontinuidade característica da modernidade pode ser atribuída ao ritmo das mudanças, incrivelmente mais acelerado do que em qualquer época da história, não só no que tange às tecnologias, mas perpassa todos os segmentos da vida e em praticamente todos os lugares do planeta.

No presente trabalho, vamos adotar o conceito de modernidade estabelecido por Giddens, e não o de pós-modernidade, conforme justificativa do autor, uma vez que concordamos que no final do século XX vivemos as conseqüências da modernidade.

Dando continuidade ao processo de reflexão sobre a modernidade, encontramos em Chesneaux (1995) o conceito de modernidade-mundo, que expressa "a lógica circular de interconexão generalizada, a relação de interdependência recíproca que se estabeleceu entre um país e os demais, entre os diversos setores da economia, entre as diversas dimensões da vida social".

Nesse sentido, vale lembrar que todo indivíduo faz parte de uma cultura, e é por meio dela que pauta suas maneiras de agir, pensar e sentir, mas que hoje, em razão dessa influência recíproca, a identidade do sujeito como indivíduo e cidadão sofre um abalo. De acordo com Chesneaux, a modernidade representa não mais "uma escolha pessoal, mas uma norma social banalizante e redutora, um discurso de legitimação da ordem socioeconômica dominante". Nesse aspecto, a percepção de Chesneaux é mais pessimista que a de Giddens e Berman, que vislumbram também oportunidades, mas nos alertam para a importância da construção da identidade individual e coletiva, do desenvolvimento da criticidade, da criatividade, a fim de responder aos desafios apresentados pela modernidade dando significado às ações.

Chesneaux (1995) compreende o homem moderno como perdido de si mesmo. Observa o autor: "Como se fosse impossível suportar o silêncio, o face-a-face consigo mesmo e com o mundo", o homem moderno permite ser invadido por sons e imagens agressivos. "Os espíritos estão enfraquecidos como os corpos. [...] o ser humano se encontra só consigo mesmo. Sabe ele ainda quem é ele?, pergunta Chesneaux. Parece-nos ser esta uma questão crucial para a existência na realidade contemporânea e que o autor aborda com muita sensibilidade, apresentando particular importância para esse projeto em face da crise de identidade dos indivíduos, que impacta diretamente a identidade profissional. Na verdade, acreditamos que haja uma reciprocidade absoluta entre o indivíduo e seu papel profissional, o desenvolvimento de um e de outro, tal a importância que o papel profissional adquiriu na vida das pessoas.

Chesneaux cria a expressão *Homo mundialis modernicus*, que designa o homem moderno, representando sua solidão, seu vazio, sua perplexidade, suas dúvidas e seus desafios, estabelecendo o cenário onde esse homem moderno vive, atua e trabalha (ou não trabalha), bem como as conseqüências das mudanças sobre o modo de ser e agir desse ator moderno.

Entre os impactos da modernidade, o autor cita a violência dos estádios, que "procede da frustração, da solidão, do vazio social aos quais está reduzido o *Homo mundialis modernicus*"; as inovações tecnológicas voltadas para a vida doméstica, como o forno de microondas, a máquina de lavar, as comidas congeladas, facilitaram o dia-a-dia em casa, mas também geraram uma quantidade incrível de ofertas de consumo que redundam em banalização e desvalorização do que antes significava uma conquista. E para que tudo isso possa ser usufruído pelo *Homo mundialis modernicus*, ele precisa andar "com o talão de cheques na mão".

Chesneaux continua analisando a questão da solidão e da grave crise de identidade pessoal pela qual o homem moderno está passando, afirmando que os indivíduos não possuem mais projetos pessoais nem tradições às quais se vincular. Orientam-se pelo que vem de fora, pela publicidade, pela mídia. "A identidade pessoal é quebrada, o indivíduo se instala na deriva e o narcisismo se afirma." Um exemplo significativo do narcisismo atual é o culto ao corpo, que abrange não só todas as faixas etárias como os sexos, demonstrado pela quantidade de academias surgidas nos últimos tempos nas cidades brasileiras.

Continuando a analisar a crise de identidade, Chesneaux constata que:

> Um trabalhador, um camponês, um cidadão de antes da modernidade afirmavam sua identidade profunda, por intermédio do grupo ao qual tinham consciência de pertencer; o ofício, a cidadezinha, a região, a vizinhança do quarteirão, a comunidade das origens regionais. Mas, na sociedade moderna cada um só é importante pelas atrações individuais, sua "rentabilidade", sua capacidade de saber "vender-se" – ainda que de modo precário e reversível. O "nós" cede lugar ao "eu". O narcisismo, a deriva individualista não somente faz parte do perfil psicocultural do *Homo mundialis modernicus*, mas é também um fato político.

O homem moderno deixa de ser um sujeito político, um ator político, perdendo-se na multidão, mostrando-se desinteressado, sem crítica e sem contestação em relação ao contexto em que vive. O homem está paulatinamente se afastando de si mesmo, dos outros, do convívio social e está abrindo mão de ser protagonista da própria vida.

Ele não se pertence mais, nem se conhece, deixando-se atordoar pelo que a mídia oferece e suprindo necessidades afetivas por meio do consumo.

Aqui se coloca uma questão extremamente séria, uma vez que diz respeito não só à sobrevivência do ser humano como ser que pensa, tem emoções, se relaciona, é um ser social, mas também à sobrevivência propriamente dita, ao atendimento das necessidades básicas do homem, como as de alimentação, moradia, saúde etc., todas hoje colocadas em xeque, pois segurança é uma palavra abolida do dicionário moderno. Restou apenas a possibilidade de segurança interna, aquela que é conquistada por meio de um esforço de autoconhecimento e crescimento pessoal permanente.

Esse sentimento de perder-se de si mesmo, de não-pertencimento aumenta quando o espaço

> se decompõe, dissolve-se em proveito de sistemas que giram sobre si mesmos segundo sua lógica particular, quer ela seja técnica, econômica, quer da mídia. [...] por exemplo, uma retransmissão de TV – só existe em relação com o conjunto ao qual está integrado, não tendo

26 LUCIA ALMEIDA

necessidade de se inscrever no espaço real, ele está em situação de "fora do chão" [...] que constitui uma categoria geral da modernidade, uma situação de dissociação para com o ambiente natural, social, histórico e cultural. As lojas *tax-free* dos aeroportos estão em posição "fora do chão". Assim como os especialistas itinerantes das empresas multinacionais, uns e outros possuem a existência relacionada somente aos sistemas autônomos – transportes aéreos ou circuitos técnico-financeiros – dos quais são parte integrante. (Chesneaux, 1995)

A situação de "fora do chão" praticamente transforma a vida das pessoas que existem nesse tipo de circuito em vidas virtuais, que só fazem acentuar a solidão, o individualismo, a insegurança e a incerteza. Retira o convívio, a troca, o afeto do dia-a-dia das pessoas, ficando elas também "fora do chão". Nega a possibilidade do papel complementar real, do outro, com o qual possa interagir e estabelecer um vínculo real, não virtual. É como se perdessem o contato com a terra, com o concreto.

A mobilidade é uma característica básica dos sistemas "fora do chão". A organização tradicional da vida rural e urbana traduzia um "equilíbrio na complementaridade".

Hoje, a organização moderna, conforme uma "lógica circular", envolve a vida cultural, o cotidiano, a produção, a economia e as construções. O espaço real perdeu a importância, a vida banalizou-se. Ainda quanto à questão do espaço onde o homem moderno vive, Chesneaux observa que

a rua clássica era um lugar de socialização construído no tempo, definido pela pluralidade de suas funções de residência, de troca, de consumo, de relações humanas informais, de vida coletiva. Ela desaparece em proveito dos trevos para veículos pelos quais apenas se passa, e quase nunca a pé. [...] o equipamento urbano visa apenas acelerar a circulação, o movimento, a passagem. [...] Os novos espaços urbanos trazem a sensação de impotência e vazio, de não-pertencimento. A proximidade se dissolve na medida em que a teia social perde sua coesão. As ruas se esvaziam, as pessoas se ignoram ou se evitam, os lugares e os momentos de encontros coletivos verdadeiros se tornam raros. [...] Todos estão desorientados na vida moderna, perdem o norte; e é necessário um real esforço para resistir a essa erosão dissimulada do sentido do espaço.

O TRABALHADOR NO MUNDO CONTEMPORÂNEO 27

Segundo Chesneaux, ainda existem alguns lugares que resistem às imposições da modernidade, por exemplo, em Pequim, onde as bicicletas utilizadas pela população representam "âncoras singulares", [onde] "outra qualidade de desenvolvimento permanece possível". O homem pouco a pouco perde o contato com os outros, uma vez que os espaços públicos estão se transformando em função das necessidades modernas, representadas pelo número maior de veículos, pela maior velocidade, pelo tempo que ficou menor e não pode ser desperdiçado.

Sobre a duração do tempo, o autor percebe que

o tempo da modernidade se constrói no imediato, impõe à nossa vida cotidiana as formas diversas do instante. O *fast-food* é preparado tão rápido quanto é consumido [...] os relógios "digitais" não são capazes de indicar o tempo como duração, mas somente o instante pontual, por isso efêmero, enquanto o movimento dos ponteiros sobre um mostrador tradicional inscrevia o tempo no espaço e tornava perceptível sua progressão.

O imediatismo tomou conta da vida moderna, assim como a necessidade de sua programação, engessando-a de forma paradoxal. É absolutamente necessário aproveitar todo o tempo – o homem não se permite mais desperdiçá-lo ou aproveitá-lo em benefício de si mesmo. Segundo o autor, mesmo nas férias não existe disponibilidade, e o homem tem medo do tempo livre, de ficar consigo mesmo. O ser humano perdeu a espontaneidade, ingrediente indispensável à sua sobrevivência na modernidade. Para Moreno, a recuperação da espontaneidade é a única forma de existir e sobreviver nesse mundo.

A pressão do tempo escasso invade o dia-a-dia das pessoas, obrigando a uma divisão do tempo "entre o tempo biológico requerido para comer e dormir, o tempo comercial que fornece o dinheiro indispensável, o tempo doméstico consagrado à família e à casa e, enfim, o tempo realmente livre, o da vida pessoal mais profunda". Mas a distribuição desses tempos não é eqüitativa, sendo determinada por prioridades da vida de cada um, quase nunca atendendo aos desejos individuais, gerando conflito e confusão.

Para Chesneaux (1995), essa confusão temporal

abate todas as gerações, desloca e desqualifica as etapas da vida. [...] A singularidade de cada existência pessoal encontra-se, assim, quebrada. [...] As pessoas de meia-idade se sentem na plenitude de suas forças, mas vivem a angústia do desprezo, a obsessão da reciclagem [...] o futuro é carregado de interrogações inquietas sobre o emprego, sobre as situações, a arte de viver e os riscos de morrer.

Em relação às mulheres, o autor as considera mais independentes, "mais capazes de defender sua identidade profunda, [...] as mulheres são mais reais".

Em outras palavras, mais capazes de ter uma atitude crítica em relação às ofertas da modernidade, tendo uma visão mais prática das coisas e ao mesmo tempo permitindo-se demonstrar as emoções, externar sentimentos e acreditar na própria intuição. Mas todas essas mudanças no comportamento das pessoas, na concepção do espaço e do tempo que a realidade atual denota são conseqüências dos impactos das inovações tecnológicas que alteraram a face do planeta, gerando a globalização.

A partir da segunda metade do século XX as novas tecnologias ocuparam um lugar de destaque no cenário econômico, político, cultural e social, uma vez que o seu desenvolvimento foi um dos fatores propiciadores da globalização. Ou conforme Castells (1999), "uma revolução tecnológica concentrada nas tecnologias da informação está remodelando a base material da sociedade em ritmo acelerado".

Entre as novas tecnologias, o advento da informática vem alterando profundamente o modo de vida das pessoas e provavelmente, de ser. Segundo Chesneaux (1995), "a informática é a prima-dona das novas tecnologias. Ela é onipresente e onicompetente, movimentando o campo econômico e as relações sociais, a língua e o intelecto, o nós e o eu". O autor questiona se as sociedades que possuem alto desenvolvimento tecnológico não seriam comparáveis a "um imenso holograma social, cheio de simulacros e próteses, portanto vazio?". A estrutura social antes da invasão da informática apresentava a troca, o inter-relacionamento pessoal, a reciprocidade como parte do cotidiano das pessoas, o que, hoje, está bastante comprometido.

Para Castells,

O TRABALHADOR NO MUNDO CONTEMPORÂNEO 29

as mudanças sociais são tão drásticas quanto os processos de transformação tecnológica e econômica. [...] Há uma redefinição fundamental de relações entre mulheres, homens, crianças e, conseqüentemente, da família, sexualidade e personalidade.

E como extensão dessa redefinição social, o papel profissional também requer ser repensado e recriado, não só no que tange ao mercado de trabalho e seus novos quesitos, mas também ao significado desse papel para o homem moderno.

O autor apresenta uma perspectiva otimista, buscando compreender o novo mundo e acreditando que "a busca pela identidade é tão poderosa quanto a transformação econômica e tecnológica no registro da nova história".

Em complemento a Castells, Chesneaux entende que a ética "talvez seja a única referência social capaz de fazer contrapeso às pressões que o Estado e o mercado exercem conjuntamente em favor das novas tecnologias, e de lhes opor uma reflexão crítica".

Chesneaux (1995), que apresenta uma visão crítica sobre o papel do Estado, afirma que o

Estado-nação, pedra angular da sociedade política ocidental, desde o século XIX, resiste mal ao choque maior da modernidade. [...] Os atores políticos, no pleno sentido do termo, os partidos, as forças sociais, as instâncias eletivas, e as referências políticas de justiça, de povo, de interesse nacional, desaparecem em proveito de categorias contábeis como as taxas de desemprego, os índices da inflação, o balanço do comércio exterior, o estado da dívida externa. [...] Submissa a essa severa erosão de cima, sob o efeito das forças econômicas mundiais, a sociedade política é, ao mesmo tempo, destroçada por baixo. No trabalho ou fora dele, o corpo social é como que "pulverizado", o laço social se decompõe. A evolução econômica aumenta a flexibilidade, a mobilidade, a dispersão da mão-de-obra. O trabalho como lugar coletivo e momento coletivo se dissolve em poeiras de obrigações individuais que definem para cada assalariado um programa particular, e mesmo solitário; tal tendência ao despedaçamento do trabalho está longe de só afetar o setor das novas tecnologias.

Castells (1999) entende o papel do Estado como fundamental na inovação tecnológica, seja como facilitador e promotor, seja criando obstáculos e retardando o processo, o que varia de um país para outro, representando atraso ou progresso econômico e político no contexto internacional. O autor afirma que

> as opções políticas adotadas por cada país no que tange à transformação da economia e da força de trabalho têm conseqüências profundas para a evolução da estrutura ocupacional e conseqüente desdobramento do sistema de classes da sociedade informacional.

A interpenetração das economias influenciará diretamente o mercado de trabalho de cada país, pondo fim às fronteiras políticas, uma vez que o capital trafega livremente entre todos os países, assim como a informação.

No que diz respeito ao aspecto político da realidade contemporânea e ao papel do Estado, Chesneaux e Castells apresentam posições similares. Ambos concordam que a forma de administração da revolução tecnológica pelo governo é decisiva para o futuro da sociedade em geral, e do trabalho em particular.

A revolução das tecnologias da informação propiciou a introdução de novas formas de divisão técnica e social de trabalho, levando à transformação do processo de trabalho, redefinindo o emprego e a estrutura ocupacional. Segundo Castells, "em meados da década de 1990, o novo paradigma informacional, associado ao surgimento da empresa em rede, está em funcionamento e preparado para evoluir". Para o autor, a tecnologia – principal aspecto do paradigma informacional – funciona como suporte das mudanças, mas na verdade o processo de reestruturação capitalista (que envolve o social e decisões administrativas das empresas) é o fator determinante do processo de transformação do trabalho, do emprego e das profissões.

Por meio de pesquisas sociológicas e organizacionais sobre a relação entre tecnologia e trabalho, ficou provado que a tecnologia em si não é a causadora dos procedimentos adotados pelas empresas. Outros fatores, como políticas governamentais, decisões administrativas, ambientes culturais e institucionais, impactam diretamente as práticas de trabalho. Dessa forma, as mudanças tecnológicas devem ser analisadas levando em conta todo esse complexo contexto.

O TRABALHADOR NO MUNDO CONTEMPORÂNEO   31

De acordo com Castells, "o processo de trabalho situa-se no cerne da estrutura social". O paradigma informacional e o processo de globalização fazem-se sentir por meio dos processos de transformação tecnológica e mudança organizacional, envolvendo as relações produtivas, as quais impactam não só dentro como em torno do que Castells denomina de empresa emergente em rede, que naturalmente impacta a sociedade como um todo. Castells busca analisar as "tendências contraditórias observadas nas mudanças dos padrões de trabalho e emprego ao longo das últimas décadas".

O autor analisa as mudanças na estrutura do mercado de trabalho no âmbito dos principais países capitalistas, no período 1920-2005. Seu processo de análise conduz à seguinte hipótese: a individualização do trabalho e a fragmentação das sociedades, os impactos potenciais da transformação do trabalho e do mercado de trabalho sobre a sociedade, enfocando os processos de polarização social que são associados ao paradigma informacional.

Castells considera a transformação da estrutura ocupacional uma das expressões de mudança sistêmica mais direta em qualquer processo de transição histórica. Segundo o autor, as teorias do pós-industrialismo e do informacionalismo caracterizam-se pela mudança de produtos para serviços, pelo fim do emprego rural e industrial etc. Castells dá um enfoque diferente a essa processualidade natural da modernidade. Para tanto, fez um estudo sobre a evolução do mercado de trabalho entre 1920 e 1990, dos países capitalistas que constituem o centro da economia global, denominados G-7.[1]

"Todos estão em estágio avançado de transição à sociedade informacional." Representam culturas e sistemas institucionais muito distintos, o que permite investigar a variedade histórica, uma vez que o autor acredita que haja uma "tendência comum na evolução da estrutura do emprego" [mas que existe também uma variação de modelos de acordo com a situação e cultura de cada país. Busca ainda estabelecer] "a interação entre tecnologia, eco-

---

1. G-7 compreende o grupo dos países mais ricos do mundo, formado por Estados Unidos, Canadá, Reino Unido (Inglaterra e País de Gales), França, Japão e Alemanha. Atualmente, transformou-se em G-8, com a inclusão da Rússia no grupo.

nomia e instituições na padronização dos empregos e da profissão no processo de transição entre os modos de desenvolvimento rural, industrial e informacional".

Castells propõe uma perspectiva na qual as sociedades serão informacionais, não por causa de uma estrutura social específica, mas porque visam a produtividade em sua máxima potência, tendo o conhecimento como a base, por meio do desenvolvimento e da disseminação crescente das tecnologias da informação, o que necessariamente envolve as pessoas e a infra-estrutura de comunicações.

Por intermédio dos dados coletados e cálculos estatísticos mais ou menos comparáveis sobre as economias do G-7, o autor estabeleceu um processo evolutivo da estrutura ocupacional e do emprego nos últimos 70 anos. Elaborou uma tipologia de empregos setoriais apesar de "grandes dificuldades metodológicas para estabelecer categorias equivalentes entre os diferentes países". Em sua análise adotou uma visão estruturalista de emprego visando "remodelar a análise sociológica das sociedades informacionais".

A análise da evolução do emprego nos países do G-7 demonstra que no período de 1920 a 1970 as sociedades tornaram-se pós-rurais, enquanto de 1970 a 1990 tornaram-se efetivamente pós-industriais. Houve um maciço declínio do emprego rural e rápido declínio do emprego industrial. No período 1970-90, a evolução tecnológica e o processo de reestruturação econômica levaram a uma redução do emprego industrial em todos os países. Mas existe uma diferença percentual em cada país do G-7, de acordo com suas políticas econômicas e estratégias empresariais.

As concepções teóricas de Castells são passíveis de generalização e fundamentam nosso trabalho, tornando mais compreensível a atual realidade brasileira, uma vez que as tendências mundiais refletem-se e transformam a situação nacional.

Em detalhada análise, Castells diz que os "Estados Unidos foram o líder da estrutura do mercado de trabalho típica da economia de serviços", o que significa que a redução da força de trabalho na agricultura corresponde a um crescimento simultâneo da indústria e dos serviços. Em todos os países houve uma tendência para uma porcentagem mais alta do emprego em informática (processamento da informação), sendo que os Estados Unidos apre-

O TRABALHADOR NO MUNDO CONTEMPORÂNEO 33

sentam o maior índice de emprego dentre os países do G-7. Prossegue comparando, dizendo que a Alemanha e a Itália apresentam a mesma tendência, apesar de mostrarem uma taxa de emprego mais baixa no setor da informação. Analisa o caso do Japão, onde constata que: "A marcha para os empregos no setor da informação está prosseguindo em ritmo significativamente mais lento e alcançando níveis muito mais baixos do que a tendência para os empregos no setor de serviços".

Castells faz a análise comparativa de cada tipo de serviço nos países do G-7, comentando a evolução de cada categoria (setor produtivo e respectivos subsetores) em cada país, e considerando as seguintes categorias de análise:

1. Serviços relacionados à produção (bancos, seguros, imóveis, engenharia, contabilidade, assessoria jurídica) considerados estratégicos para a nova empresa, uma vez que são provedores da informação visando o aumento de produtividade e eficiência das empresas.

2. Serviços sociais (hospitais, escolas, igrejas, correios, órgãos públicos etc.) que representam entre um quinto e um quarto do total de empregos nos países do G-7, caracterizando a nova sociedade, com exceção do Japão. A expansão dos serviços sociais foi mais acentuada no período 1970-90 vinculada à expansão do Estado do Bem-estar Social, e o ritmo da expansão parece depender mais da relação entre o Estado e a sociedade do que propriamente da economia.

3. Serviços de distribuição, que compreendem transportes e comunicações, atacado e varejo. Cerca de metade dos empregos nos serviços de distribuição corresponde a atividades do setor varejista. Representa mais ou menos o dobro do nível de emprego em serviços relacionados à produção.

4. Serviços pessoais (domésticos, hotelaria, bares, restaurantes e similares, consertos em geral, lavanderia, barbearia, salão de beleza, entretenimento etc.) não estão desaparecendo nas economias mais avançadas. Esta quarta categoria representa mais ou menos o dobro do emprego rural.

Segundo Castells,

no processo de transformação da estrutura do mercado de trabalho não desaparece nenhuma categoria importante de serviço. [...] O que ocorre é uma diversidade cada vez maior de atividades e o surgimento de um conjunto de conexões entre as diferentes atividades que torna obsoletas as categorias de emprego.

Conforme o autor, está surgindo uma estrutura pós-industrial de emprego ao longo dos últimos 25 anos do século XX, porém apresentando grandes diferenças estruturais entre os países. No geral,

> o Japão e os Estados Unidos representam as extremidades opostas da comparação. [...] O modelo norte-americano caminha para o informacionalismo mediante a substituição das antigas profissões pelas novas. O modelo japonês também caminha para o informacionalismo, mas segue uma rota diferente: aumenta algumas das novas profissões necessárias e redefine o conteúdo das profissões da era anterior, mas extingue gradualmente os cargos que se transformaram em obstáculo ao aumento da produtividade (em especial, na agricultura).

Existe também uma tendência comum para o aumento de profissões significativamente informacionais, como administradores, profissionais especializados e técnicos, além das "profissões ligadas a serviços de escritório em geral".

A maior parte do crescimento de empregos ocorrerá nas atividades voltadas para serviços (serviços de saúde e serviços empresariais representariam a metade desse crescimento). Nos serviços empresariais, uma parcela importante está representada pelos empregos em processamento de dados, mas no período 1975-90 a atividade que mais cresceu foi a referente aos serviços de fornecimento de pessoal, ligados ao aumento do trabalho temporário e da terceirização de serviços pelas empresas.

Seguindo sua análise sobre a estrutura ocupacional, Castells estabelece que as profissões que mais crescem no período estudado – 1992-2005 – no âmbito da sociedade informacional são os profissionais especializados (32,3%) e dos técnicos (36,9%).

"As profissões do setor de serviços", principalmente as semiqualificadas, também crescerão rapidamente (29,2%). Ao todo, os três grupos passariam de 24,5% em 1990 para 28,9% em 2005.

Haveria um aumento de artífices, estabilizando um "núcleo de trabalhadores manuais em torno de habilidades artesanais".

Castells estabelece quatro grupos sociais, usando como indicador a renda semanal média, no período em estudo (1992-2005) e as respectivas projeções quanto à porcentagem de emprego:

- classe superior – administradores e profissionais especializados (+1,6%);
- classe média – técnicos e artífices (-0,3%);
- classe média baixa – funcionários de vendas, administrativos e operadores (-2,7%);
- classe inferior – mão-de-obra do setor de serviços e do setor rural (+1,1).

Conforme análise realizada sobre a projeção anterior, Castells comenta que

> há, ao mesmo tempo, aumento relativo do sistema de estratificação e tendência moderada para a polarização profissional. Isso porque existem acréscimos simultâneos tanto no topo quanto no pé da escala social, embora o aumento do topo seja de maior magnitude.

Os sinais da polarização social provocada pela economia informacional são visíveis nas sociedades capitalistas, uma vez que

> os dois extremos aumentam sua participação em detrimento da camada intermediária. Em outras palavras, de um lado existem profissões ricas em informação como os cargos de administradores, profissionais especializados e técnicos. De outro, há o crescimento de profissões em serviços mais simples e não-qualificados.

Ainda segundo o autor, o ritmo e a proporção dessa dinâmica social varia com "a posição de cada país na divisão do trabalho e de seu clima político. Mas lá no fundo da estrutura social incipiente, o trabalho informacional desencadeou um processo mais fundamental: a desagregação do trabalho, introduzindo a sociedade em rede".

Na concepção de Chesneaux (1995),

a rede, como estrutura individual, traz consigo as próprias ambigüidades da modernidade. Renuncia às relações políticas "naturais" da proximidade, fundadas na residência, no local de trabalho, na origem regional, aceitando como fato consumado a sociedade "moída". Fundada sobre a afirmação das responsabilidades pessoais e das afinidades interpessoais, a rede é também uma estrutura eletiva, uma forma de resistência à erosão da sociedade política.

Castells estabelece características para as sociedades informacionais em relação à evolução do emprego, conforme o estudo empírico por ele realizado:

- eliminação gradual do emprego rural;
- declínio estável do emprego industrial tradicional;
- aumento dos serviços relacionados à produção e dos serviços sociais, com ênfase sobre os serviços relacionados à produção na primeira categoria e sobre os serviços de saúde no segundo grupo;
- crescente diversificação das atividades do setor de serviços como fontes de emprego;
- rápida elevação do emprego para administradores, profissionais especializados e técnicos;
- a formação de um proletariado "de escritório", composto de funcionários administrativos e de vendas;
- relativa estabilidade de uma parcela substancial do emprego no comércio varejista;
- crescimento simultâneo dos níveis superior e inferior da estrutura ocupacional.

Esse cenário não tem o significado de melhoria para o sistema de estratificação das sociedades, apesar da educação e especialização requeridos.

Em relação à existência de um mercado de trabalho global, o autor considera que existe apenas para uma minoria de profissionais altamente especializados, atuando em PD, engenharia de ponta, administração financeira, entretenimento, serviços empresariais avançados. Mas a maior parte dos trabalhadores permanece em seus países de origem e dois terços dos trabalhadores do mundo estão empregados na área rural de suas regiões, concluindo que não existe um mercado de trabalho unificado.

A força motriz da globalização é o investimento estrangeiro direto, mais significativo do que o comércio como condutor da interdependência internacional. Ele é dirigido às empresas multinacionais que cresceram de 7 mil em 1970 para 37 mil empresas em 1993, com 150 mil coligadas em todo o mundo, e uma mão-de-obra empregada que produz um terço do total da produção mundial. É importante assinalar que a mão-de-obra de cada país depende da divisão de trabalho das diferentes funções e estratégias dessas redes multinacionais. Não há trânsito de pessoas, mas elas ficam dependentes da evolução e do comportamento dos outros segmentos da rede.

Os impactos do comércio sobre o emprego tanto no Norte como no Sul (Ásia e América Latina) referem-se ao surto de industrialização promovido pelo capital externo, gerando exportações e crescimento dos próprios mercados internos. Esse comércio tem sido cogitado como fator de desemprego na Europa, mas é uma afirmação polêmica e não aceita por vários estudiosos do assunto.

Nesse enfoque encontramos, como exemplo da nova interdependência do trabalho, a cidade de Bombaim, centro de desenvolvimento de *software* para empresas de todo o mundo. Possui alta qualificação, porém os salários representam 20% do valor pago nos Estados Unidos. Essa mesma realidade acontece em Cingapura, Hong Kong e Taipei. De acordo com Castells (1999), podemos resumir afirmando que

> quanto mais o processo de globalização econômica se aprofunda, mais a interpenetração das redes de produção e administração se expande através das fronteiras, e mais próximos ficam os elos entre as condições da força de trabalho em diferentes países com diferentes níveis salariais e de proteção social, mas cada vez menos distinta em termos de qualificações especializadas e tecnologia.

Dessa maneira, as empresas dos países capitalistas podem escolher formas diferentes de atuação em relação à força de trabalho qualificada e não-qualificada, por exemplo: manter apenas os empregados mais qualificados e importar o restante dos países que apresentam custos mais baixos [como o caso do Brasil, em especial, e da América Latina e países em desenvolvimento, em geral]; promover a reversão dos contratos sociais até com a mão-de-obra permanente; utilizar serviços terceirizados, trabalhadores temporários, de meio expediente etc. Dessa forma, o número de postos de trabalho industriais cresce com rapidez nos países em desenvolvimento e decresce em especial na Europa, por conta, em particular, de políticas institucionais que não estimulam a criação de emprego no setor privado. Se a redução dos empregos industriais se acentuar, o setor de serviços não absorverá a mão-de-obra, até porque está se automatizando rapidamente. Nesse caso, o cenário levará a uma escolha entre o desemprego maciço ou a uma "redefinição do trabalho e do mercado de trabalho, abrindo caminho para a reestruturação completa da organização social e dos valores culturais", de acordo com Castells. Estudos realizados abordando essa questão conduzem à idéia de que haja redução da jornada de trabalho, e não de postos de trabalho, como decisão institucional. O autor concorda que a maior parte dos trabalhadores é assalariada, entretanto "assistimos ao ressurgimento do trabalho autônomo e da situação profissional mista" no que tange aos países capitalistas avançados. Mas no Brasil também, conforme analisamos adiante.

Um aspecto fundamental de todo esse processo de transformação e globalização é o que diz respeito à capacitação do trabalhador e às novas exigências do mercado. Castells analisa esse aspecto ao buscar padrões de regularidade para o processo de trabalho na sociedade informacional, relatando que trabalhos empíricos de vários pesquisadores demonstraram que "quanto mais ampla e profunda a difusão da tecnologia da informação avançada em fábricas e escritórios, maior a necessidade de um trabalhador instruído e autônomo, capaz e disposto a programar e decidir seqüências inteiras de trabalho".

As novas tecnologias requerem maior liberdade para empregados mais esclarecidos.

[...] o papel do trabalho direto aumentou, porque a tecnologia da informação capacitou o trabalhador direto no chão de fábrica. [...] O que tende a desaparecer com a automação integral são as tarefas rotineiras, repetitivas que podem ser pré-codificadas e programadas para que máquinas as executem. É a linha de montagem taylorista que se torna uma relíquia histórica (embora ainda uma dura realidade para milhões de trabalhadores do mundo em fase de industrialização).

O autor constata que "a natureza do processo de trabalho informacional exige cooperação, trabalho em equipe, autonomia e responsabilidade. [...] O caráter em rede da produção informacional permeia toda a empresa". No que tange à evolução da automação de escritórios, o desenvolvimento dos microcomputadores, estabelecimento de redes de comunicação até chegar ao escritório virtual, onde as tarefas são realizadas em lugares diferentes, mas conectadas a uma rede. Esse modelo acarreta aumento de autonomia e redução dos níveis gerenciais, em particular o gerente de nível médio. Existe uma racionalização do processo completo, não mais de tarefas separadas. Dessa forma, os empregados "são reintegrados funcionalmente, em vez de serem distribuídos organizacionalmente".

Com base nas mudanças na estrutura organizacional, no perfil do trabalhador e na forma de gestão das empresas, Castells elege três cargos fundamentais:

- os trabalhadores ativos na rede, que estabelecem conexões por iniciativa própria com outras áreas;
- os trabalhadores passivos na rede, que estão *on-line*, mas não têm nenhum poder de decisão;
- os trabalhadores desconectados, presos a suas tarefas específicas, definidas por instruções.

Em relação ao processo decisório estabelece:

- os que dão a última palavra;
- os participantes (envolvidos no processo decisório);
- os executores (implantam decisões).

As tipologias não coincidem, e ocorrem diferenças na dimensão relacional ou no processo decisório. Essa organização do trabalho representa o paradigma do trabalho informacional emergente, conforme a hipótese do autor.

40 LUCIA ALMEIDA

Castells relaciona toda a gama de mudanças ocorridas nos ambientes empresariais,[2] tais como redução de quadro, reestruturação de processos, trabalho por células etc. à difusão das tecnologias da informação. Não existe uma unificação do mercado de trabalho em nível global, mas existe uma "interdependência global da força de trabalho na economia informacional [...] O novo modelo de produção e administração global equivale à integração simultânea do processo de trabalho e à desintegração da força de trabalho". Castells conclui que essa situação não é resultado do paradigma informacional, mas da escolha econômica e política das empresas e dos governos, em busca de lucro a curto prazo e alta produtividade.

Para Castells, o processo de transformação organizacional que a tecnologia propicia, somado à competição global, está trazendo uma profunda mudança: "*a individualização do trabalho no processo de trabalho*". Essa individualização contrapõe-se ao modelo de socialização da produção da era industrial, estimulando a segmentação do trabalho com a criação de mercados personalizados e conseqüente fragmentação das sociedades. Nesse cenário insta-

---

2. A reorganização organizacional ocorre para fazer face a uma série de mudanças, tais como aumento da concorrência num mercado globalizado e altamente competitivo, a perda de lucratividade, a necessidade de aumento da produtividade e o impacto das novas tecnologias em informática, entre outras. A reengenharia envolve a reestruturação radical dos processos empresariais, a fim de atender aos indicadores contemporâneos de desempenho, como custos, qualidade, atendimento e velocidade, (Hammer & Champy, in Bjur & Caravantes, 1994: 27) O foco da reengenharia está nos processos empresariais, no seu contínuo aperfeiçoamento, visando a total satisfação dos clientes. Esse processo pode ser definido como o "conjunto de atividades com uma ou mais espécies de entrada e que cria uma saída de valor para o cliente" (Hammer & Champy, J., *op. cit*, 1994: 24). Essa definição contrapõe-se à organização clássica da administração voltada para tarefas, serviços e estruturas. Cada processo envolve pessoas, instalações, finanças, equipamentos, métodos e técnicas voltados para a produção de bens ou serviços gerados a partir de insumos, pela ação dos recursos humanos e tecnológicos. É importante destacar que os processos se interligam e se comunicam, levando ao fim das barreiras entre as áreas da empresa. Desta forma, cargos e estruturas organizacionais como departamentos, divisões, setores deixam de existir, conduzindo à horizontalização das estruturas hierárquicas e redução de quadro de empregados.

O TRABALHADOR NO MUNDO CONTEMPORÂNEO   41

lam-se práticas empresariais de terceirização, subcontratação, consultoria e produção sob encomenda. Nesse aspecto, o trabalho temporário, o de meio expediente e o autônomo são os que mais crescem, representando a flexibilização do mercado de trabalho. Esses trabalhadores flexíveis não têm nenhum benefício, segurança ou perspectiva de encarreiramento. E envolve tanto os trabalhadores não-qualificados como os qualificados. Conclui-se, assim, que o emprego de horário integral, na sua forma tradicional de encarreiramento, está sendo extinto gradual e inexoravelmente. Essa conclusão, obtida com base na situação dos países do G-7, aplica-se integralmente à realidade do mundo do trabalho no Brasil.

Um exemplo de individualização do trabalho, possibilitado pelas tecnologias de informação e as novas formas de comunicação, são as empresas virtuais.

> A capacidade de reunir mão-de-obra para projetos e tarefas específicas em qualquer lugar, a qualquer momento, e de dispersá-la com a mesma facilidade criou a possibilidade de formação da empresa virtual como entidade funcional. [...] O aumento extraordinário de flexibilidade e adaptabilidade possibilitadas pelas novas tecnologias contrapôs a rigidez do trabalho à mobilidade do capital.

Diante desse cenário não é possível falar em extinção do trabalho. A nova economia apresenta trabalhadores que constituem uma força de trabalho permanente, formada por administradores que têm na informação a sua base de atuação e uma força de trabalho flexível, que está disponível para ser contratada, enviada para o exterior ou demitida, conforme as oscilações do mercado.

Segundo Castells, "o trabalho nunca foi tão central para o processo de realização de valor. Mas os trabalhadores (independentemente de suas qualificações) nunca foram tão vulneráveis à empresa".

A flexibilização do trabalho diz respeito aos salários, contratos de trabalho, benefícios, horários, à mudança de local de trabalho etc. Representam o resultado das transformações na relação capital–trabalho, e esse processo de transformação "levou a uma crise da relação entre o trabalho e a sociedade". Apesar da afirmação teórica de que a tecnologia da informação não traz desemprego nem piora a vida dos trabalhadores, podendo até representar aumento de empregos de baixa qualificação e empregos nos países em desenvolvimento, a prática demonstra a deterioração das condições de trabalho que assume diferentes formas nas várias regiões:

aumento do desemprego estrutural na Europa; queda dos salários reais aumentando a desigualdade, e instabilidade no emprego nos Estados Unidos; subemprego e maior segmentação da força de trabalho no Japão; "informalização" e desvalorização da mão-de-obra urbana recém-incorporada nos países em desenvolvimento; e crescente marginalização da força de trabalho rural nas economias subdesenvolvidas e estagnadas.

Segundo estudos realizados pela OCDE e pelo FMI, a falta de flexibilidade dos mercados de trabalho, somada à inadequação das qualificações, acentua o quadro de "desemprego, subemprego, desigualdade de renda, pobreza e polarização social".

Para Dejours (2000), se "a principal fonte de injustiça e de sofrimento na sociedade francesa é o desemprego, o grande palco do sofrimento é certamente o do trabalho, tanto para os que dele se acham excluídos quanto para os que nele permanecem".

O sofrimento subjetivo atualmente existente no trabalho, em função das mudanças ocorridas nas organizações, na incerteza instalada, o medo do desemprego, a falta de reconhecimento, a ausência do senso de utilidade e prazer propiciados pelo trabalho são, de acordo com Dejours, desestruturantes e capazes de desestabilizar a identidade profissional do sujeito. Essa realidade, hoje, está globalizada conforme as informações que encontramos nas análises de Castells, Chesneaux, Antunes, que por óticas diferentes nos dizem que o mundo do trabalho mudou de forma radical, apresentando características diferenciadas de acordo com a situação econômica de cada país, mas o sofrimento subjetivo, conforme Dejours denomina, é comum a todos.

Castells constata que

O novo paradigma informacional de trabalho e mão-de-obra não é um modelo simples, mas uma colcha confusa, tecida pela interação histórica entre transformação tecnológica, política das relações industriais e ação social conflituosa.

Nesse sentido, podemos dizer que a tecnologia da informação leva à mudança de quantidade, qualidade e natureza do trabalho

O TRABALHADOR NO MUNDO CONTEMPORÂNEO   43

realizado em relação aos tipos de emprego. Se houver uma política institucional preocupada com o reequilíbrio da estrutura social, poderá ser evitada a polarização social (apesar da valorização profissional) em face da reestruturação do capitalismo. Caso isso não aconteça, Castells afirma que "as forças da concorrência desenfreada no paradigma informacional levarão o emprego e a estrutura social à dualização". Segundo ele, "as instituições e organizações sociais de trabalho parecem desempenhar um papel mais importante que a tecnologia na causação da criação ou destruição do emprego".

Nesse cenário do mundo do trabalho desenhado por Castells, embasado na realidade dos países do G-7, inserimos o Brasil, como um país em desenvolvimento, altamente impactado por todas as conseqüências da modernidade tanto no aspecto político quanto nos aspectos econômico, social e cultural. No que tange aos sentimentos, às atitudes, percepções do *Homo mundialis modernicus*, encontramos em Chesneaux os elementos para construir o cenário afetivo no qual os indivíduos atuam, vivem e sobrevivem também no Brasil.

No presente trabalho nosso foco está voltado ao mundo do trabalho, às profissões, ao emprego, ao subemprego e ao desemprego, às mudanças ocorridas e à necessidade crescente de repensar o papel profissional diante desse panorama. Como responder adequadamente às novas demandas do trabalho? Como preservar a identidade profissional diante de tantos desafios? Como lidar com o sofrimento subjetivo? De acordo com a realidade contemporânea, temos que colocar nosso foco no trabalho e não mais no emprego tradicional, que teóricos, como Castells, reconhecem a gradativa, porém, inexorável extinção.

Segundo Antunes (1999), a partir de 1990 o processo de mudança no modelo econômico brasileiro se acentua, assim como se intensificam os impactos das conseqüências da modernidade.

Combinam-se processos de *downsizing*[3] das empresas, um enorme enxugamento [...] da força de trabalho, verificando-se também mutações no processo tecnológico e informacional. A flexibilização, a desregula-

---

3. A expressão *downsizing* significa redução dos níveis hierárquicos, visando agilizar a tomada de decisões. Não implica, necessariamente, redução do quadro de empregados (Giosa, 1997, p. 8).

mentação e as novas formas de gestão produtiva estão presentes em grande intensidade, indicando que o fordismo, ainda dominante, também vem se mesclando com novos processos produtivos, com as formas de acumulação flexível e vários elementos oriundos do chamado toyotismo, do modelo japonês, que configuram as tendências do capitalismo contemporâneo.

Ainda segundo Antunes,

o mundo do trabalho viveu, como resultado das transformações e metamorfoses em curso nas últimas décadas, particularmente nos países capitalistas avançados, com repercussões significativas nos países do Terceiro Mundo dotados de uma industrialização intermediária, um processo múltiplo: de um lado verificou-se uma desproletarização do trabalho industrial, fabril, nos países de capitalismo avançado, [...] houve uma diminuição da classe operária industrial tradicional. Mas, paralelamente, efetivam-se uma significativa subproletarização do trabalho, decorrência das formas diversas de trabalho parcial, precário, terceirizado, subcontratado, vinculado à economia informal, ao setor de serviços etc. Verificou-se, portanto, uma significativa heterogeneização, complexificação e fragmentação do trabalho.

Permanecendo na idéia do modelo moreniano, recorremos a informações veiculadas pela mídia, buscando dados sobre a realidade do trabalhador brasileiro que representam a prática no contexto nacional.

No que tange à informalidade do trabalho, Antônio Ermírio de Moraes (2000) escreveu em sua tradicional coluna de domingo na *Folha de S.Paulo* sobre o assunto, demonstrando o alto índice do setor informal no Brasil, que atingiu, em 1999, 62%, contra 38% do setor formal. A fonte utilizada foi o Ministério do Trabalho – OIT, Abertura e ajuste do mercado de trabalho no Brasil, 1999. Aponta ainda o aumento do trabalho informal, que cresceu 10% no período 1990-99, segundo a mesma fonte. Na opinião do autor, a informalidade é um dos graves problemas brasileiros no campo do trabalho.

Retomando Castells (1999), quando ele enfoca os países em fase de industrialização, observa que há pelo menos três décadas estão apresentando um modelo de articulação entre os mercados de trabalho urbanos formais e informais que é equivalente às formas flexíveis difundidas nas economias maduras pelo novo paradigma tecnológico/organizacional.

Em outras palavras, o que é flexibilização para o Primeiro Mundo, no Brasil tornou-se informalidade e precarização da vida do trabalhador. A terceirização ganha espaço, envolvendo mão-de-obra mais qualificada. Por meio da prestação de serviços, profissionais especializados em todos os campos de serviços oferecem melhores resultados e em prazos mais curtos, o que é vantajoso para as empresas em vários aspectos, mas principalmente quanto à redução de custos. Segundo Riau (2000), "o trabalho temporário movimenta cerca de 132 bilhões de dólares ao ano em todo o mundo e deverá representar, em 2003, cerca de 35% da força de trabalho em países como Estados Unidos e França", conforme reportagem publicada no caderno *Empregos*. Esse fato também faz parte da realidade brasileira e está em franca expansão, representando para os profissionais mais liberdade e desafios permanentes, mas contendo, por outro lado, a incerteza e a insegurança, também de forma permanente.

No que diz respeito ao trabalho formal, as pessoas estão trabalhando cada vez mais. Segundo pesquisa do Instituto Brasileiro de Geografia e Estatística – IBGE, o número de horas trabalhadas por semana subiu em todas as principais cidades brasileiras. No período 1991-99, São Paulo, por exemplo, aumentou de 40 horas para 41 horas; Recife, de 39 horas para 41 horas; Rio de Janeiro, de 39 para 40 horas semanais. De acordo com reportagem publicada pela revista *Veja*, a média de horas trabalhadas no Brasil atingiu 41 horas, "o que coloca o Brasil em oitavo lugar em horas trabalhadas por ano no mundo, segundo a Organização Internacional do Trabalho" (Vaz & Sodré, 2000). A explicação para esse crescimento é o receio do desemprego, o que conduz ao fim da ilusão de que as pessoas trabalhariam menos e teriam mais tempo para o lazer e para a família.

Como uma das conseqüências da globalização da economia, as empresas precisam produzir mais e a custos menores, o que levou à redução do quadro de pessoal, por meio de processos como *downsizing*, reengenharia, terceirização, programas de demissão voluntária, este último realizado principalmente pelas estatais brasileiras. Os empregados que ficaram, passaram a trabalhar mais, não só pelo aumento do volume de trabalho como para garantir a própria vaga. E quem saiu foi buscar alternativas no mercado informal ou na prestação de serviços, na terceirização – o que leva a mais trabalho e, geralmente, a uma renda menor.

A última definição institucional sobre a jornada de trabalho brasileira foi dada pela Constituição em 1988, estabelecendo em 44 horas semanais. Uma nova redução vem sendo discutida pelos sindicatos e políticos, buscando uma forma de combater o desemprego. Mas os sindicatos perderam força, e é uma alternativa polêmica quanto aos resultados. Enquanto isso, o desemprego aumenta e os empregados passam a trabalhar mais, até mesmo para compensar salários mais baixos.

As pesquisas revelam uma crescente queda no rendimento real do trabalhador, chegando nos últimos três anos – dados recolhidos em 1999 – a 9% de perdas acumuladas. Reconhece-se uma concentração da ocupação da força de trabalho no setor de serviços, em especial na Região Sudeste, e o setor agrícola só é maior no Nordeste. Esses dados comprovam as mudanças no mundo do trabalho no Brasil, refletindo o que já ocorreu com os países capitalistas avançados.

Em relação aos executivos brasileiros, pesquisa realizada pelo Grupo Catho demonstra que a categoria é a que mais trabalha – 54 horas semanais, em comparação com outros países. Nos Estados Unidos, segundo da lista, o percentual é de 50 horas semanais.

"Pesquisa realizada em 30 países revela que, entre ter mais dinheiro e mais tempo livre, as pessoas preferem a renda. O Brasil, com 59% optando pelo dinheiro, ocupa o oitavo lugar na lista" (*Folha de S.Paulo*, Editorial, 8 jun. 2000). A opção pelo trabalho traduz a necessidade de sobrevivência, mas também uma preferência pessoal, quando o indivíduo permite que a vida profissional invada e muitas vezes se confunda com a pessoal. Nesse aspecto, o tempo para o lazer, para a família e para consigo mesmo fica cada vez mais comprometido. Como mostra Chesneaux (1995), o homem moderno prefere se atordoar, com a profusão de imagens, sons, mercadorias e trabalho.

O TRABALHADOR NO MUNDO CONTEMPORÂNEO   47

Diante desses dados empíricos, não é possível falar em fim do trabalho. Antunes (1999) discorda da tese sobre a eliminação do trabalho, e embasa sua afirmação em pesquisas que demonstram "o alargamento das múltiplas formas precarizadas de trabalho". O autor classifica o Brasil como um país intermediário e industrializado, onde a "classe-que-vive-do-trabalho se encontra fortemente radicada [...] onde essa classe desempenha atividades centrais no processo produtivo". Castells (1999) e Antunes (1999), por meio da análise de situações econômicas, políticas e sociais bastante diferenciadas, apresentam convergência sobre a questão da centralidade do trabalho, coincidindo também na constatação sobre a fragmentação e as várias modalidades de trabalho hoje praticadas pelo mundo do trabalho moderno.

Antunes (1999) denomina de "classe-que-vive-do-trabalho" a "os que vivem da venda da sua força de trabalho" [também chamados por ele de] "novos proletários". São assalariados e não detêm os meios de produção. O autor não inclui nessa classe os altos funcionários de empresas porque têm poder decisório e nem os pequenos empresários porque detêm os meios de produção, por menores que sejam. Mas incorpora "o proletariado rural [...] os chamados bóias-frias das regiões agroindustriais". [Incorpora também, reforçando sua tese sobre a importância do mundo do trabalho, em nível global], "o proletariado precarizado, [...] que é caracterizado pelo trabalho temporário, pelo trabalho precarizado, como são os trabalhadores dos McDonald's, dos setores de serviços, dos *fast-foods*".

Diante das profundas transformações ocorridas no mundo do trabalho, a "classe-que-vive-do-trabalho" não só foi afetada em "sua materialidade, mas teve profundas repercussões na sua subjetividade [...] afetou a sua forma de ser. [...] É uma classe mais heterogênea, mais complexificada e mais fragmentada", envolvendo toda a força de trabalho assalariada. Nesse enfoque, discordamos do autor, pois mesmo aqueles que não fazem parte da "classe-que-vive-do-trabalho", como os executivos e os micro e pequenos empresários, também sofrem os impactos da globalização, tanto nos aspectos objetivos das transformações como nos subjetivos.

Segundo dados do autor, "A Volkswagen que tinha 40 mil operários, hoje tem menos de 20 mil, produzindo, entretanto,

48 LUCIA ALMEIDA

muito mais". O que exemplifica a importância da produtividade para o mundo do trabalho moderno, suas conseqüências e a nova forma de gestão empresarial. Para Antunes (1999),

> O que de fato parece ocorrer é uma mudança quantitativa (redução do número de operários tradicionais), uma alteração qualitativa que é bipolar: num extremo há em alguns ramos maior qualificação do trabalhador, que se torna "supervisor e vigia do processo de produção"; no outro extremo houve intensa desqualificação em outros ramos e diminuição em ainda outros, como o mineiro e o metalúrgico. Há, portanto, uma metamorfose no universo do trabalho, que varia de ramo para ramo, de setor para setor etc, configurando um processo contraditório que qualifica em alguns ramos e desqualifica em outros.

Neste início de milênio, esse é o cenário que se apresenta aos olhos do trabalhador em geral e, em especial, do brasileiro, que convive há não muito tempo com as conseqüências da modernidade, com uma distribuição de renda que privilegia os mais ricos, com mais trabalho e salários menores, com o desemprego, com formas diferentes de trabalho, com o fim do trabalho assalariado e uma gama de desafios de várias ordens a serem resolvidos. O novo modelo de gestão empresarial e o mercado requerem do trabalhador uma série de habilidades e atitudes, como flexibilidade, capacidade de decisão, iniciativa, inovação, autonomia, trabalho em equipe e tantas outras, sem esquecer a rapidez do ritmo moderno e a rapidez das mudanças. A incerteza, a insegurança, a velocidade das mudanças confundem e às vezes paralisam as pessoas. Mas também representam grandes desafios. E todos esses aspectos dizem respeito a dois lados de uma mesma moeda. A manutenção do trabalho como asseguramento da sobrevivência propriamente dita e da família, mas também a manutenção do ser, da identidade individual, profissional e social. Para tanto, o exercício da reflexão torna-se essencial bem como o desenvolvimento do autoconhecimento, da autocompreensão, como forma de dar sustentação ao ser, podendo então refletir e buscar novas e adequadas maneiras de atuação social e profissional, individual e coletiva, procurando criar e manter a própria identidade, buscando a identidade no grupo, o que fortalece o indivíduo, cada vez mais desafiado pela complexidade da modernidade, no sentido de desempenhar o papel profissional. Em resumo, procurar desenvolver as próprias forças e revitalizar o trabalho cotidiano, encontrando um significado para o seu esforço.

Nesse sentido, a teoria socionômica de Moreno oferece uma estrutura metodológica constituída por recursos e técnicas, que propiciam a reflexão e a revisão do papel profissional, de forma ativa e participativa.

2

Socionomia: um enfoque educacional

A teoria socionômica de Moreno

O psicodrama é que tem divulgado mais amplamente o nome de Moreno. Entretanto, este representa apenas uma parte de toda a sua teoria científica, a qual denominou socionomia. De acordo com Moreno, a socionomia visa "o estudo das leis do desenvolvimento social, e das relações sociais" (Kaufman, 1992). Alves, citado por Romaña (1996), afirma que

> Moreno pretendia que sua proposta metodológica viabilizasse uma sociologia que, aplicada aos mais diversos agrupamentos sociais, compreendesse a objetivação das diversas experiências subjetivas e a subjetivação de uma realidade objetiva. Pretendia o desvendamento das contradições sociais representadas nos agrupamentos, sua apropriação pelos componentes dos grupos e a transformação destes indivíduos em sujeitos das necessárias mudanças sociais.

A socionomia é composta por três grandes sistemas: a sociometria, a sociatria e a sociodinâmica.

A sociometria busca conhecer as redes de aceitação e rejeição dentro dos grupos. Estuda as medidas dos relacionamentos sociais. O teste sociométrico possibilita quantificar essas relações, visualizando a configuração das relações grupais.

A sociatria volta-se para a cura da sociedade. Utiliza o psicodrama, quando privilegia um indivíduo em todos os seus papéis; e o sociodrama quando o grupo é o protagonista, isto é, trabalha com todos os indivíduos de um mesmo grupo. De acordo com Kaufman

(1992), "É a ciência do tratamento dos sistemas sociais". Ou nas palavras de Moreno (1997), "o psicodrama, que trata das relações interpessoais e ideologias privadas, e o sociodrama, que trata das relações intergrupo e das ideologias coletivas". A sociodinâmica estuda o movimento do grupo, como ele se organiza. Utiliza o jogo de papéis (*role-playing*) e o teatro espontâneo. O *role-playing*, portanto, é um método da sociodinâmica, que trabalha os papéis (Kaufman, 1982). De acordo com Romaña (1996), a sociodinâmica é composta, além do *role-playing* (o principal procedimento),

> por outras abordagens que o próprio Moreno foi sucessivamente sistematizando: jogos dramáticos, teatro espontâneo, jornal vivo [...], aos quais temos acrescentado formalmente desde 1985 o método educacional psicodramático, método didático com o qual podem ser trabalhados conteúdos ou temas, sejam eles espontâneos ou programados. Entendo que a maior contribuição da sociodinâmica, em qualquer uma de suas manifestações, reside no fato da exercitação e, portanto, do desenvolvimento da capacidade criativa e simbólica do praticante.

Numa perspectiva histórica, encontramos o psicodrama pedagógico, desdobramento do psicodrama moreniano, idealizado por Maria Alicia Romaña, que considera o ano de 1969 data oficial da apresentação do psicodrama pedagógico, durante o IV Congresso Internacional de Psicodrama, realizado em Buenos Aires. Romaña foi precursora na aplicação das técnicas psicodramáticas voltadas para a educação e também foi ela quem iniciou, em São Paulo, o processo de formação de educadores em psicodrama. Romaña (1985) ao criar o termo psicodrama pedagógico declara que

> não foi nossa intenção estabelecer somente uma diferença entre a aplicação didática e terapêutica da dramatização, mas sim reconhecermos uma unidade básica, relativa à filosofia e ao fundamento de uma mesma técnica, procurando identificar, através do "pedagógico", fundamentalmente o marco referencial e o campo de ação do educador.

Segundo a autora, o psicodrama pedagógico, por ela denominado método educacional psicodramático, é adequado ao desen-

52 LUCIA ALMEIDA

volvimento de papéis, facilitação das relações sociais, a vivência de novos conceitos, à aprendizagem.

Em outras palavras, o psicodrama pedagógico, concebido por Romaña, é composto por métodos e técnicas oriundos da socionomia, cuja aplicação obedece às orientações morenianas, apresentando, entretanto, um objetivo socioeducacional. Romaña entende que o educador, esteja na função de professor, mestre, orientador, instrutor ou facilitador, desenvolve uma tarefa educativa que busca conciliar a transmissão de conhecimento ao reconhecimento de sua "realidade imediata e concreta, de modo que ele possa desenvolver tanto a sua compreensão crítica e ativa como sua vontade transformadora". Esse enfoque acompanha o trabalho do psicodramatista voltado para o pedagógico em todo e qualquer contexto de aplicação, seja instituição de ensino, empresa, hospital, comunidade. A articulação – realidade concreta e transmissão de conhecimento – é parte constituinte do trabalho psicodramático voltado para a educação. Romaña (1985) afirma:

acreditamos que existe educação na medida em que existem ações adequadas, criativas e autônomas, organizadas através da aquisição e aplicação de conhecimentos, mas também da interação com os outros e com o ambiente ou meio do qual faz parte o educando.

Nesse sentido, o método educacional psicodramático contido no psicodrama pedagógico visa integrar conhecimento adquirido com experiência vivida.

O psicodrama pedagógico utiliza os instrumentos fundamentais, as técnicas e o referencial teórico da socionomia. Neste trabalho, ao tratarmos desses aspectos estaremos também, em alguns momentos, articulando a teoria moreniana com a questão da alteridade por dois motivos principais. O primeiro relaciona-se ao objetivo mesmo da socionomia, cujo objeto de estudo são as relações sociais, as relações no grupo. E como sabemos, todo grupo é formado por diversas pessoas que apresentam diferenças de várias ordens entre si, desde diferenças étnicas, religiosas, de classe, de cultura, econômicas, idade, sexo, e tantas outras mais. E o convívio dessas diferenças, o convívio com o outro implica aprendizado de alteridade. O segundo motivo vincula-se à relevância da alteridade na contemporaneidade. Quando o homem, muitas vezes, relaciona-se com mais freqüência com a máquina por exigência do trabalho, quando substitui a relação pessoal direta com o outro, pela máquina ou, até mesmo, quando a "relação" com a máquina é mais prazerosa que estar com o outro, parece-nos de suma importância resgatar o sentido de alteridade. E nesse aspecto a teoria socionômica oferece possibilidade de desenvolvimento e aprendizagem da alteridade.

Consideramos importante enfatizar que a estrutura teórica da socionomia apresentada nesse projeto está voltada para a aplicação da metodologia moreniana à educação, possibilitada pelo psicodrama pedagógico. Nesse escopo, pensamos na proposta feita por Romaña (1996), que apresenta a sociodinâmica como arcabouço didático. A autora entende que os recursos próprios da sociodinâmica (como o jogo dramático, jornal vivo e outros já mencionados neste capítulo), acrescidos do método educacional psicodramático, "têm em comum a particularidade de partir da ação. Esse fato por si só permite a caracterização de uma abordagem que torna os aprendizes protagonistas da sua própria aprendizagem". Para a autora (1996), o método educacional psicodramático possibilita

a abordagem dos mais diversos conteúdos e matérias. Tais conteúdos tornam-se assim mediadores para nossa ação. [...] O mesmo ocorre com valores ligados a atitudes como iniciativa, cooperação, solidariedade, diálogo, criticidade, justiça e outros.

De acordo com essa abordagem, destacamos os recursos socionômicos aplicados no presente estudo, bem como referenciais teóricos que o fundamentam: a teoria de papéis, central para o presente projeto, o encontro, matriz de identidade, a sessão de psicodrama, tele, vinculados ao trabalho desenvolvido com o grupo de pesquisa, detalhado no Capítulo 3, referente à metodologia.

Teoria de papéis

O termo papel vem da palavra *role*, que deriva do latim *rotula*. Na Grécia e na Roma antiga as diversas partes dramáticas estavam escritas em *rollos*, os quais eram lidos aos atores para que decorassem os respectivos papéis. A origem da palavra está, portanto, no teatro. Nesse sentido, papel pode ser definido como uma pessoa imaginária criada por um dramaturgo, por exemplo, Otelo ou Hamlet. [...] Também pode ser definido como uma função assumida dentro da realidade social como o de médico, advogado, policial etc. "Como formas reais e tangíveis que a pessoa assume" (Moreno, 1972).

Segundo Moreno,

> pode-se definir papel como uma unidade de experiência sintética na qual se fundiram elementos privados, sociais e culturais. [...] Toda sessão psicodramática demonstra que *um papel é uma experiência interpessoal*, e necessita de dois ou mais indivíduos para ser colocado em ação". [...] O desempenho de papéis é anterior ao surgimento do ego. Os papéis não surgem do ego, e sim o ego é que surge dos papéis. [...] Os papéis são os embriões, os precursores do ego, e tendem a agrupar-se e unificar-se.

Nas palavras de Moreno, o conceito de papel foi construído pela experimentação no trabalho psicodramático, levando em conta: a observação do processo de papel no contexto da própria vida; o estudo do papel em condições experimentais; o exame e ensino da conduta no "aqui e agora", envolvendo o ensino de papéis, ensino da conduta e da espontaneidade.

Ainda de acordo com a teoria moreniana, o processo de aprendizado e desenvolvimento de um papel apresenta três fases: o *role-taking*, que representa o papel pouco desenvolvido em que a aprendizagem se faz principalmente pela imitação; o *role-playing*, representada pelo jogo do papel, quando o papel é considerado desenvolvido, e o *role-creating*, que representa um papel bem desenvolvido sobre o qual é possível criar (Yozo, 1996).

Kaufman (1992) lembra que o termo *role-playing* também se refere ao jogo de determinado papel e seu papel complementar em um vínculo específico, por exemplo, *role-playing* da relação professor–aluno. Nesse ponto, torna-se fundamental salientar que o *role-playing* é parte constitutiva do psicodrama pedagógico, explicando que no contexto do pedagógico trabalhamos com um único papel, diferentemente do psicodrama terapêutico, em que o indivíduo pode jogar qualquer um dos seus papéis, isto é, envolve

O TRABALHADOR NO MUNDO CONTEMPORÂNEO 55

todos os papéis do indivíduo. No psicodrama pedagógico, conforme já afirmamos, o foco está em um papel. E como um papel não existe sem um complementar, no enfoque pedagógico do psicodrama, entra em cena, por exemplo, a relação mãe–filho, de onde surge a expressão *role-playing* de mães ou grupo de *role-playing*. Nesse caso, só será trabalhado o vínculo mãe e o complementar filho ou filhos naquele grupo.

No caso do papel profissional, encontramos vários complementares diferentes, como, o chefe, os pares, os subordinados, os clientes, os fornecedores, dependendo da função exercida pelo indivíduo no contexto em que atua. Com cada complementar é estabelecido um vínculo, constituindo uma relação. Por esse motivo o jogo do papel profissional é mais complexo e requer habilidades e atitudes diferenciadas de acordo com a relação em foco. Se estamos em uma relação com um cliente, por exemplo, nossa atitude será diferente daquela que teremos se estivermos realizando um trabalho com um par. Será mais formal com o cliente e terá menos formalidade com o par, por exemplo. Sem falar do conhecimento teórico específico requerido pela área de atuação profissional. E a realidade contemporânea trouxe maior complexidade e maiores desafios ao papel profissional, o que justifica colocá-lo em cena conforme propõe o presente estudo.

Gonçalves (1998) afirma que o conceito de papel que pressupõe inter-relação e ação é central no conjunto articulado da teoria moreniana e imprescindível à compreensão e prática da metodologia psicodramática aplicada à educação ou à terapia. Complementa dizendo que o conceito de papel expande-se a todas as dimensões da vida, iniciando com o nascimento e se desenvolvendo ao longo de toda a existência humana, não só como experiência individual, mas também como modo de participação na sociedade. Para o autor,

na vida real, em sociedade, os indivíduos tem funções, determinadas por circunstâncias socioeconômicas, por sua inserção numa determinada classe social, por seu átomo social[1] e por sua rede sociométrica. Assim, há papéis profissionais: marceneiro, médico etc.; há papéis de-

---

1. Átomo social é a representação de todas as relações significativas na vida de uma pessoa (Marineau, 1992: 165).

terminados pela classe social: patrão, operário, fazendeiro etc ; papéis constituídos por atitudes e ações adotados a partir dos anteriores: líder, revolucionário, negociador etc.; papéis familiares: pai, mãe, filho etc.; papéis nas demais instituições: diretor, coordenador, deputado etc.

Seria impossível esgotar todas as referências possíveis ao termo papel, mas torna-se importante assinalar que os exemplos anteriores não são mutuamente exclusivos, isto é, uma mesma pessoa pode apresentar uma combinação de vários papéis de acordo com sua história de vida. E também é muito importante salientar que o homem moderno desempenha uma multiplicidade de papéis, que se referem a grupos diferentes, relacionando-se com diferentes pessoas em diferentes situações, estabelecendo uma ampla rede de relações (rede sociométrica), que pode apresentar valores e códigos diferentes entre si e talvez incoerentes, o que pode levar a respostas e atitudes contraditórias e conflituosas. Essa é uma das questões que a modernidade trouxe. E nesse enfoque a questão da alteridade coloca-se como fundamental, pois ao pertencer a grupos diferentes e ao relacionar-se com pessoas diferentes, o homem moderno poderá ter um desempenho mais adequado se puder reconhecer essas diferenças, aceitá-las, respeitá-las e crescer no convívio com elas, sendo também reconhecido e respeitado.

Nesse contexto, colocamos o papel profissional em cena, não importando a profissão exercida ou o trabalho realizado pelo indivíduo, se possui vínculo empregatício ou é autônomo, uma vez que a realidade contemporânea desestabilizou o mundo do trabalho, conforme tratamos no Capítulo 1, e tornou urgente a reflexão sobre esse papel e sua recriação, diante dos desafios da modernidade.

Matriz de identidade e técnicas psicodramáticas

A socionomia explica o processo de desenvolvimento do indivíduo e da formação da sua identidade psicossocial por meio do conceito de matriz de identidade, que representa o *locus* onde a criança se insere ao nascer. É a placenta social da criança. O conceito de matriz de identidade é fundamental para a compreensão do processo de desenvolvimento do desempenho de papéis e do processo de evolução dos grupos.

De acordo com Fonseca (2000), "a matriz de identidade é o berço [...] da consciência de quem somos e de quanto valemos, ou seja, do conceito autovalorativo". Ainda segundo o autor, a psicossociodinâmica implica um processo histórico da vida de cada um – pessoal e profissional –, assim como de evolução e mudança.

Fonseca, em *Psicodrama da loucura*, articula didaticamente algumas das técnicas do psicodrama com o conceito de matriz de identidade. Consideramos importante essa articulação, pois permite entender melhor a adequação do emprego das técnicas uma vez que, para aqueles que trabalham com o psicodrama pedagógico, nem todas são recomendadas, assim como a dinâmica evolutiva dos grupos.

Romaña (1992) considera a utilização da inversão de papéis, do solilóquio e da interpolação de resistências adequadas a um trabalho psicodramático de cunho educacional. A inversão de papéis representa a fase de conhecimento do outro, do tu, na qual, para Fonseca (1980),

repousa grande força da teoria moreniana. Nela se inclui quase toda a base teórica de Moreno: encontro, momento, tele, vínculo, papéis, espontaneidade etc. Este período acontece quando a criança já se torna capaz de "sair" do seu Eu e se põe no lugar da mãe, vindo esta para o seu. Através desta inversão, a criança vai conhecendo pouco a pouco a realidade dos outros mundos pessoais e, conseqüentemente, de seu próprio. Vai saindo de si e conhecendo sua "matriz de identidade".

A matriz de identidade existe enquanto útil, diluindo-se na medida em que a criança ganha independência e autonomia, permanecendo, porém, "internalizada", "dando o tônus télico e/ou transferencial aos seus futuros 'átomos sociais'" (1980). Podemos dizer que a inversão de papéis representa a possibilidade de alteridade nas relações interpessoais.

O solilóquio consiste em dizer em voz alta o que está sendo sentido por quem está participando de uma cena, uma imagem ou um jogo dramático. Fonseca (1980) explica o solilóquio como uma "conversa consigo mesmo [...]. Dentro de uma "relação" há um momento em que posso tomar "distância" e refletir sobre minha forma de relacionamento, sobre a do outro e sobre a relação em si".

58 LUCIA ALMEIDA

A interpolação de resistência consiste na modificação da cena construída pelo protagonista. Essa modificação é proposta pelo diretor e realizada pelo ego-auxiliar, visando levar o protagonista a atuar "'aqui e agora', da mesma maneira que faria em circunstância semelhante em sua vida real (Rojas-Bermúdez, 1970)".

Tele, encontro, sessão de psicodrama e alteridade

A capacidade de realizar a inversão de papéis implica a "tele e a mútua disponibilidade de duas pessoas capazes de se colocarem uma no lugar da outra" (Gonçalves *et al.*, 1988).

> Moreno definiu Tele como a capacidade de se perceber de forma objetiva o que ocorre nas situações e o que se passa entre as pessoas. Toda ação pressupõe relação, [...] que pressupõe formas de comunicação. O fator Tele influi decisivamente sobre a comunicação, pois só nos comunicamos a partir do que somos capazes de perceber. [...] É, também, percepção interna mútua entre dois indivíduos. (Idem)

Para Fonseca (1980),

> O encontro é um fenômeno télico. O processo fundamental da tele é a reciprocidade, não só de atração como também de rechaço, de excitação, de inibição, de indiferença. [...] Na sensibilidade télica há igualdade, reciprocidade, mutualidade. [...] O amor é uma relação télica. A inversão de papéis acontece automaticamente. [...] É realização através do outro.

A concepção de Moreno sobre a tele positiva, aquela que implica reciprocidade, aproxima-se fortemente do conceito de alteridade, reforçando a troca necessária às relações e a necessidade dessa troca para que o homem sinta-se pertencente a um grupo. O poema de Moreno sobre o encontro ilustra bem essa idéia. Selecionamos o seguinte trecho que nos parece extremamente significativo:

Um encontro de dois: olho no olho, cara a cara
E, quando estiveres próximo, arrancarei teus olhos
E os colocarei no lugar dos meus,
E tu arrancarás meus olhos
E os colocarás no lugar dos teus,
Então te olharei com teus olhos
E tu me olharás com os meus.

Moreno tem no encontro uma das bases de sua teoria. Para o autor (1997), encontro

> significa que duas ou mais pessoas se encontram não só para se defrontarem entre si, mas também para viver e experimentar-se mutuamente, como atores cada um por seu direito próprio, [...] mas um encontro de duas pessoas. Num encontro, as duas pessoas aí estão com todas as suas forças e fraquezas, dois atores humanos fervilhando de espontaneidade, só parcialmente cônscias de seus propósitos mútuos. [...] só as pessoas que se encontram mutuamente podem formar um grupo natural e uma verdadeira sociedade de seres humanos. As pessoas que se encontram mutuamente é que são as responsáveis e genuínas fundadoras da existência social.

Fonseca (1980) cita um trecho de um poema de Moreno:

> No começo foi a existência. Mas a existência sem alguém ou algo que exista não tem sentido. No começo foi a palavra, a idéia – mas o ato foi anterior. No começo foi o ato, mas o ato não é possível sem o agente, sem um objeto em direção ao qual se dirija e sem um tu a quem encontrar. No começo foi o encontro...

Dando continuidade à reflexão sobre a alteridade existente no encontro moreniano, encontramos em Frayze-Pereira (1994) uma citação de Merleau-Ponty: "No aperto de mãos, a mão de outrem vem ocupar o lugar deixado por uma das minhas: posso sentir-me tocado ao mesmo tempo que toco". Diz ainda, "somos plenamente visíveis para nós mesmos, graças a outros olhos". E acrescenta, "A experiência do outro me é acessível se for tomada, não como idéia, mas como uma experiência iminente". E Frayze-Pereira contribui dizendo: "Assim, por meu corpo movo-me num mundo sensível que é intersubjetivo, isto é, um mundo no e com o qual eu e os outros estamos situados e relacionados, um mundo que, portanto, já se premedita desde a raiz como mundo cultural". Completamos a idéia do autor, adicionando que sempre que se fala em cultura fala-se em alteridade.

E por que o espaço psicodramático pode ser considerado um espaço de alteridade?[2]

Iniciamos o desenvolvimento dessa idéia retomando o surgimento da teoria moreniana. Moreno buscou inspiração no teatro, com base no qual realizou suas primeiras experiências que fundamentaram toda a sua obra. Em outras palavras, o psicodrama nasceu do teatro, dele retirando sua estrutura básica. Incorporou termos como: cena, ator, cenário, diretor, protagonista, público e outros mais, cuja existência representam a possibilidade de ação e interação e que representam os elementos constituintes da sessão psicodramática. A sessão de psicodrama, seja terapêutica ou pedagógica, está estruturada em três contextos, três etapas e cinco instrumentos.

Os contextos: social – corresponde à realidade social de cada um dos participantes do grupo, é de onde provem o material trazido pelo grupo; grupal – constituído pelo próprio grupo, incluindo o diretor e ego ou egos – auxiliares; e o dramático – onde a cena é realizada. As três etapas são o aquecimento, a dramatização e os comentários. Os instrumentos fundamentais são: protagonista, cenário, ego-auxiliar, diretor e platéia ou auditório, constituído pelas pessoas que compõem o contexto grupal.

O estudo desses elementos demonstra como "o outro" é considerado pela abordagem psicodramática e de que forma a ação dramática propicia a compreensão de si mesmo por meio do outro.

> O coletivo (o múltiplo) transformará todo o equilíbrio interno da relação, através de uma troca. Se, por um lado, num primeiro momento, havia uma unidade emissora que utilizava como espelho uma multiplicidade receptora, por outro lado, num segundo momento, é a multidão

---

2. Esse tema foi desenvolvido pela autora no trabalho *O espaço psicodramático: um espaço de alteridade*, apresentado à Associação Brasileira de Psicodrama e Sociodrama – ABPS, como trabalho de credenciamento para professora-supervisora em setembro de 2000 e ainda não publicado.

O TRABALHADOR NO MUNDO CONTEMPORÂNEO 61

que se torna criadora, e o poeta se transforma nela, embora o público só exista graças ao ego que nela converge e se apreende. Portanto, a uma relação puramente reflexiva sucede uma relação de reciprocidade, onde cada termo se anula no outro, a fim de se recuperar nele. [...] morte e ressurreição de si. Se morremos no exterior, é a fim de nos recriarmos em nós, através do outro. (Felício, 1994)

Esse movimento de reciprocidade produzido entre público e ator no teatro convencional é o mesmo movimento produzido entre a platéia e o protagonista na sessão psicodramática, proporcionando aprendizado de vida e de reconhecimento da parcela do outro em mim. Em outras palavras, é a possibilidade de reconstrução da vida por meio da cena dramática, de percepção da singularidade de cada um e do crescimento pessoal por intermédio do grupal.

O diretor de psicodrama, terapêutico ou pedagógico é o responsável pela coordenação da sessão. Tem as seguintes funções: realiza o aquecimento do grupo e do protagonista, mantendo a tele com o público. A relação diretor–público requer sensibilidade télica, assim como a do ego-auxiliar, o que significa reciprocidade, mutualidade. Dirige a cena atento a seu desenvolvimento e sua interação com o protagonista e demais atores.

Introduz novas técnicas quando necessário, buscando ampliar a visão do protagonista e favorecer seu *insight*. Encerra a dramatização, estimula os comentários individuais – dos que atuaram no contexto dramático e dos que observaram, do ego-auxiliar, concluindo com o que compreendeu da situação vivida em cena, sintetizando todos os comentários do grupo. Realiza o aquecimento, que começa com o encontro entre diretor e protagonista e que visa prepará-lo para a ação dramática, criando o cenário, definindo os personagens (papéis complementares) que vão atuar. Conforme o diretor penetra no mundo interno do protagonista, pelo relato da situação a ser dramatizada, e o auxilia na montagem do contexto dramático, ele deixa de lado qualquer tipo de preconceito, de certo ou errado, qualquer juízo de valor. Tem uma atitude de compreensão e de reconhecimento do outro. No desenvolvimento da cena, cria-se, pouco a pouco, um clima afetivo, que permite a concretização do imaginário, num espaço protegido, propiciando a liberação da espontaneidade e da criatividade. Durante a dramatização, o diretor

> não só ouve as palavras do paciente, mas também vê sua forma de atuar, para estudá-la diretamente. Quanto mais entra em seu papel, menos consciente permanece de seus atos; é como ver o inconsciente atuando. (Fonseca Filho, 1980)

Na fase de comentários – última etapa da sessão psicodramática –, o grupo compartilha emoções e sentimentos despertados pela cena e sua própria vivência de conflitos semelhantes, no movimento de reciprocidade entre protagonista e público. Um momento de aprendizado para a alteridade.

O ego-auxiliar é uma extensão do diretor e realiza suas hipóteses na cena, tendo a função de ator, interagindo em cena com o protagonista, absorvendo seus desejos e suas necessidades, abandonando-se ao papel originário do mundo interno do protagonista. Tem por objetivo captar a emoção, buscar a sintonia com o protagonista e o grupo. Sua visão é mais subjetiva e, portanto, está mais próximo afetivamente. Desempenha o papel complementar definido, o que pressupõe um sentimento real do outro. É observador social, analisando as "inter-relações da microssociedade reproduzida em cena, do ponto de vista de alguém que dela participa" (Gonzáles *et al.*, 2000).

Os papéis de diretor e ego-auxiliar também são complementares. É fundamental que formem uma unidade funcional coesa, com clareza da delimitação das respectivas funções e compreensão dos aspectos positivos e negativos de cada um.

A possibilidade de relação com o outro, de compreendê-lo, de realizar o encontro, "quando a experiência do outro e o conhecimento com o outro, [...] amplia nossos horizontes, proporcionando-nos incessantes revelações" (Frayze-Pereira, 1994).

Procurando também demonstrar, pela prática educacional, a real ocorrência do encontro e da alteridade, selecionamos uma atividade realizada com alunos do módulo de *role-playing* do papel profissional, do qual era a professora (diretora). Essa atividade foi proposta na última aula do módulo, como forma de avaliar um

O TRABALHADOR NO MUNDO CONTEMPORÂNEO 63

trabalho realizado durante todo o semestre, uma vez que o módulo possuía uma carga horária de 32 horas, com uma periodicidade quinzenal. Considerando feriados, o processo de desenvolvimento do módulo de *role-playing* ocorria num semestre letivo, o que possibilitava reflexões, percepções sobre si mesmo e sobre os outros e uma intensa troca de experiências e acontecimentos reais, além das vivências psicodramáticas. Isso contribuía para o amadurecimento do grupo como um todo, de cada participante como indivíduo e para alcançar a fase de circularização.

A consigna – termo empregado pelo diretor para designar instrução – para a atividade de avaliação foi a seguinte: escrever "o que estou deixando" e "o que estou levando" deste módulo. Selecionamos os seguintes depoimentos, transcritos na íntegra:

À consigna: "o que estou deixando"...

- Aluno A: "Estou deixando a minha percepção e sensibilidade ao ter me envolvido com todo o grupo e com tudo o que ele trouxe de conteúdo e de sentimento";
- Aluno B: "Amizade; um pouco do meu conhecimento; sensibilidade; percepção; minha vontade de aprender; saudades!";
- Aluno C: "Alegria pela meta cumprida juntas. Carinho, respeito pela confiança de todos durante os trabalhos".

À consigna: "o que estou levando"...

- Aluno A: "Estou levando experiências de vivências psicodramáticas que me mostraram que é possível *transformar* (grifo do autor) estados conflituosos, empacados, em situações mais saudáveis e criativas".
- Aluno B: "Maturidade profissional e pessoal; maior percepção; valorização profissional; amizade; mais respeito em relação ao outro e a mim mesma".
- Aluno C: "Mais respeito pela história de cada um; mais conhecimento / revelação sobre meu comportamento e do outro".

Em síntese, podemos dizer que a questão da alteridade coloca-se em cada momento da sessão psicodramática: segundo o contexto social, de onde vêm os participantes do grupo, na interação propiciada pelo contexto grupal e na conexão com o contexto dramático estabelecida durante o desenvolvimento da cena. E também num movimento interno próprio, de reciprocidade entre as pessoas durante a fase de comentários. O aprendido pelo grupo volta ao contexto social, para o nível da realidade e do dia-a-dia.

Resumindo o processo da sessão psicodramática: inicia-se com o aquecimento realizado pelo diretor, mais tarde a preparação do protagonista e demais atores; a disponibilidade interna do ego-auxiliar para assumir o papel complementar; a atenção e emoção do grupo que observa; os comentários, do qual todos participam, trocando sentimentos e percepções e aprendendo com o outro, com todos os outros presentes no grupo – sem o outro, não há possibilidade de aprender sobre nós. O espaço psicodramático, representado pela sessão de psicodrama, apresenta-se como um espaço protegido e privilegiado para propiciar o aprendizado, o exercício e o desenvolvimento da alteridade.

Jogo dramático

Entre os recursos da sociodinâmica relacionados ao desenvolvimento do presente projeto, encontramos o jogo dramático, a respeito do qual já fizemos alguns comentários. O jogo dramático possui ampla aplicação tanto no psicodrama terapêutico como no pedagógico. Nosso enfoque é o uso e a conceituação do jogo voltado para o campo educacional. De acordo com Monteiro (1994),

o jogo é uma atividade que propicia ao indivíduo expressar livremente as criações de seu mundo interno, realizando-as na forma de representação de um papel, pela produção mental de uma fantasia ou por uma determinada atividade corporal.

A disponibilidade pessoal propiciada pelo jogo, em que o lúdico é sua marca registrada, libera a espontaneidade, fazendo emergir com força total a honestidade, a autenticidade e a sinceridade das pessoas.

Huizinga, citado por Yozo (1996), afirma que

o jogo é anterior à cultura e mais antigo que qualquer organização social, pois "os animais brincam tal como os homens", com rituais de gestos, ações, regras, competição e divertimento, ou seja, exerce uma função significante.

Em outras palavras, o divertimento define, em si, a essência do jogo. Arminda Aberastury (in Yozo, 1996) diz "que ao brincar, a criança desloca para o exterior seus medos, angústias e problemas internos, dominando-os por meio da ação". Por meio do jogo, a criança mergulha no mundo da imaginação, em que uma tampa de garrafa representa uma panelinha e uma caixa velha, um fogão. A criança utiliza a espontaneidade, sem censura e sem vergonha, livre em seu ir e vir entre o mundo real e o de "faz-de-conta" (Monteiro, 1994).

O ser humano, em seu desenvolvimento, ao chegar à idade adulta tem sua espontaneidade cerceada pela conserva cultural.[3] Buscando realizar o resgate da espontaneidade percebemos que o jogo o possibilita, e "no campo relaxado do lúdico, os conflitos, as dificuldades, as facilidades, as complementariedades, o encontro e a comunicação são vividos, conhecidos e reconhecidos pelo grupo" (Datner, 1995).

"No jogo dramático joga-se entre personagens fictícios, um jogo lúdico, que não pertence ao espaço do *role-playing*", uma vez que para Datner (1995), o *role-playing* utiliza a realidade concreta, vivenciada, e os papéis sociais jogados (*playing*) pertencem a essa realidade.

> O que diferencia o jogo dramático do *role-playing* é a questão protagônica. No *role-playing*, a dramatização é centrada na questão levantada pelo protagonista e apropriada pela platéia-grupo. No jogo dramático o tema protagônico é de caráter grupal, trata-se de uma situação do grupo, do seu funcionamento.

Datner (1995) explica que os jogos dramáticos não podem ser confundidos com outros jogos, uma vez que fazem parte da metodologia psicodramática, representando um dos meios de realização do projeto socionômico de Moreno. Para ela,

> o jogo dramático tem como núcleo vivenciar o jogo assumindo personagens em permanente caráter lúdico. Através do prazer e do lúdico, obje-

---

3. Tudo o que foi produzido pelo homem – uma obra de arte, regras sociais etc. – que faça parte da cultura da sociedade. Ao ficar pronto, mesmo sendo fruto da criatividade e espontaneidade, passa a ser conserva cultural, segundo Moreno.

tiva-se levar ao cenário dramático – contexto dramático – a realidade das dinâmicas interpessoais, de forma que sentimentos, emoções e sensações vitalizem a expressão dos conteúdos emergentes, dos fenômenos grupais e dos posicionamentos diante de uma situação.

O jogo dramático traz à baila conservas culturais, estereótipos, modelos cristalizados que aprisionam a espontaneidade e a criatividade. O mesmo jogo que busca, revela e desvela, também trabalha no sentido da transformação e das mudanças desses mesmos fenômenos. O dar-se conta, perceber e até mesmo integrar de maneira nova os dados levantados pelo jogo instiga os participantes para um movimento, até então não pensado e não planejado, resgatando o "arriscar-se" pelo prazer de experimentar o novo.

O jogo dramático coloca em cena representações simbólicas do mundo interno, por meio da imaginação. A diferença fundamental entre o jogo dramático e o *role-playing* é que nesse último trabalhamos com os papéis sociais, com um tema originário da realidade. No jogo, os papéis são papéis-fantasia, que liberam o sujeito para expressão de sentimentos, emoções e percepções.

Para Romaña (1996),

os jogos dramáticos são mais dirigidos que o sociodrama no sentido de que nestes existe uma proposta de avançar por um roteiro ou acompanhando passos predeterminados. O que termina acontecendo é que cada grupo, e dentro deles cada participante, dará respostas criativas e originais.

Segundo Monteiro (1994), "a essência do jogo reside nesta capacidade de espontaneidade, que faz surgir no jogo o sentido de liberdade e permite ao homem 'viajar' ao mundo da imaginação e, através dele, recriar, descobrir novas formas de atuação".

O jogo dramático obedece à mesma estrutura da sessão psicodramática, apresentando três contextos, cinco instrumentos e três etapas, com as mesmas funções descritas anteriormente sobre a sessão. De acordo com Datner (1995), "nossa verdadeira dimensão humana irá expressar-se através das etapas do jogo dramático, seqüência de ações/comportamentos plenos de significados compartilhados com todos os participantes".

Yozo (1996), ao estabelecer uma correlação entre o jogo dramático e a matriz de identidade, propõe quatro momentos para o desenvolvimento do indivíduo no grupo e para o desenvolvimento do próprio grupo:

1. Eu – comigo. Vinculado à primeira fase da matriz, quando o indivíduo se localiza, se apresenta e diz como se sente.
2. Eu e o outro. Quando após a identificação individual, começa a identificar o outro, quem ele é e como me sinto em relação a ele.
3. Eu com o outro. Quando o indivíduo procura perceber o outro, como ele se sente, como é e como se sente em relação a mim.
4. Eu com todos. Apresenta uma percepção ampliada perante o grupo, podendo estabelecer relação com todos e voltado para a identidade grupal.

A observação desses momentos conduz à elaboração e ao desenvolvimento do trabalho psicodramático socioeducacional. A não-observância do processo de desenvolvimento grupal pode comprometer o resultado do trabalho como um todo e o crescimento de cada participante no respeito à sua singularidade. O jogo dramático tem larga aplicação no psicodrama pedagógico, cujo foco está na educação, no desenvolvimento do homem como ser social, integrado, espontâneo, criativo e livre.

Jornal Vivo

É uma metodologia criada por Moreno, que faz parte da sociodinâmica e obedece às mesmas etapas do psicodrama, diferindo deste na definição do tema, que "é encontrado a partir de manchetes dos jornais diários" (Gonçalves *et al*, 1988). Originalmente, o jornal vivo era realizado dessa forma. Atualmente, ganhou novas propostas, podendo ser realizado com base em um texto – texto vivo – ou palavras – palavra viva[4] – que apresentem correlação

---

4. As expressões "texto vivo e palavra viva" foram aprendidas pela autora na convivência com Romaña e Yvette Datner, respectivamente.

68   LUCIA ALMEIDA

com o conteúdo que o diretor busca desenvolver. Volta-se ao processo criador espontâneo, no aqui e agora do grupo. Segundo Romaña (1996), o jornal vivo "propicia uma pesquisa viva" [...] que possibilita criar novos códigos de compreensão da realidade (1988), "o jornal vivo pode ser considerado o antecessor do sociodrama, porque permite ao grupo vivenciar o presente sociocultural da comunidade, numa experiência de criação coletiva, onde não há um protagonista individual, mas onde todos o são, a partir das notícias".

Apesar de já termos definido o que é o sociodrama no início deste capítulo, vale enfatizá-lo como método amplamente utilizado pelo Psicodrama Pedagógico.

Moreno (1997) diz que

> os procedimentos sociodramáticos são capazes de exteriorizar e objetivar fenômenos culturais. Uma ordem axiológica, tal como funciona dentro de um sistema social e é usada por seus participantes na sua avaliação mútua e do sistema.

Em outras palavras, o sociodrama possibilita a reedição das relações e dos valores de um grupo e, conseqüentemente, da existência ou não de alteridade nesse grupo, mas abrindo a possibilidade de exercitá-la e desenvolvê-la por meio do manejo das técnicas psicodramáticas. É importante lembrar que o homem se reconhece no social, no outro, no compartilhamento, o que significa a possibilidade de crescimento pessoal. Possibilita o desenvolvimento de papéis sociais dentro das instituições em particular, do papel profissional num trabalho coletivo que envolve o grupo como um todo (Kaufman, 1992).

Espontaneidade e criatividade

Para finalizarmos o referencial teórico de Moreno, enfocaremos dois elementos essenciais de sua obra e que a permeiam em sua totalidade, parte constituinte de sua base filosófica. Para Moreno, a espontaneidade é a resposta adequada a uma situação nova ou uma resposta nova a uma situação antiga. E sem espontaneidade não há criatividade – representa o catalisador da criatividade.

Se pensarmos no ser humano adulto, engessado pelas conservas culturais, o resgate da espontaneidade e, conseqüentemente, da criatividade é fundamental. Para Bello (2000),

os conceitos de espontaneidade-criatividade constituem também uma filosofia de aprendizagem. O homem se move sempre entre o automatismo e a reflexão, entre reproduzir e criar. [...] um homem espontâneo e criativo é um homem são.

Segundo Naffah Neto (1979),

são é o indivíduo espontâneo-criativo, capaz de relações télicas, continuamente lançado no presente e podendo retomar e transformar suas formas de existir em função de cada situação vivida; são é o indivíduo capaz de catalisar a imaginação com vistas à transformação da realidade, de retomar os papéis sociais cristalizados e fixos que o circunscrevem e recriá-los, invertê-los, transformá-los na vivência das próprias relações em que se vê lançado. [...] E o que define o indivíduo "enfermo"? O aprisionamento ao passado, a repetição de relações conservadas, os vínculos transferenciais, o fechamento diante das situações reais e presentes, a incapacidade de inverter, recriar e transformar os papéis.

Esse enfoque corrobora o projeto de pesquisa realizado, que visou estimular os sujeitos à revisão e recriação de seus papéis profissionais, em consonância com a realidade vivida pelo grupo. Refletindo um pouco mais sobre criatividade, encontramos em Albertina Martínez (2000) idéias que se coadunam às de Moreno. Segundo a autora,

criatividade e inovação não podem ser encarados somente como desafios do futuro, mas como imperativos do presente. A crescente complexidade do cenário mundial, os problemas socioeconômicos a serem resolvidos e os desafios que esta situação trazem à educação são alguns dos fatores que justificam [...] promover as mudanças necessárias para uma educação dirigida ao desenvolvimento do pensamento e da criatividade. [...] [Enfatiza a importância em desenvolver as] "pessoas que em sua condição de sujeitos individuais e de sujeitos sociais possam enfrentar desafios, encontrar caminhos e transformar sua realidade. [Para a autora] são especialmente importantes as concepções de educação que privilegiam a formação integral do sujeito [...] e as concepções de subjetividade individual e subjetividade social.

Martínez entende o espaço empresarial como viabilizador para a implementação de "ações educativas intencionais para contribuir com o desenvolvimento dos recursos pessoais e, conseqüentemente, desenvolver as possibilidades de expressão criativa dos sujeitos", o que se aplica a essa investigação.

Em Moreno também encontramos a criatividade e a espontaneidade como dois elementos fundamentais no desenvolvimento do ser humano e dos papéis nos quais atua. De acordo com Moreno (1992), "freqüentemente usa-se o termo "espontâneo" para descrever sujeitos cujo controle sobre suas ações está diminuindo. Mas este é um uso do termo que não está de acordo com a etimologia da palavra derivada do latim, *sponte,* 'de livre vontade'".

Ao explicar espontaneidade, Moreno (1972) afirma que

> Um indivíduo altamente espontâneo fará o máximo com os recursos de que dispõe, como a inteligência, a memória, as atitudes. [...] A espontaneidade pode penetrar no indivíduo criadoramente dotado, e provocar uma resposta. Nasceram muito mais Miguelangelos que aquele que fez os grandes quadros, muito mais Beethovens que aquele que escreveu as grandes sinfonias. [...] O que tem em comum são as idéias criadoras, a motivação, a inteligência, a atitude e a educação. O que os separa é a espontaneidade que, nos casos felizes, permite a seu portador dispor plenamente de seus recursos. [Para o autor a originalidade também faz parte da espontaneidade]. É o livre fluxo de expressão que não apresenta uma contribuição importante em medida suficiente para ser chamada de criatividade, mas que representa uma ampliação ou variação única da conserva cultural, tomada como modelo.

À espontaneidade soma-se a questão da adequação da resposta a novas situações. Moreno (1972) entende adequação como

> a resposta apropriada requerida, isto é, apropriada à situação que o indivíduo enfrenta, [por exemplo, ao ser atacado por um ladrão] de modo que a resposta a uma situação nova requer um sentido de oportunidade, uma imaginação para achar o adequado, uma originalidade de iniciativa em emergências, dos quais uma função em especial é a

O TRABALHADOR NO MUNDO CONTEMPORÂNEO 71

responsável. É uma *atitude plástica de adaptação*, uma mobilidade e flexibilidade do ego, *o que resulta indispensável para um organismo que se desenvolve com rapidez em um meio ambiente que muda com rapidez.*

Dessa forma, Moreno desenvolve o "complexo espontaneidade-criatividade" e, conforme já mencionado nesta obra, sem espontaneidade não há criatividade – ela representa o catalisador da criatividade. O resgate e o estímulo ao desenvolvimento de ambas fazem parte do processo de aprendizagem. No caso do presente estudo, em aprendizagem do papel profissional, imerso em um contexto de mudanças permanentes.

Rey e Martínez (1999) entendem criatividade como

o processo de produção de "algo" novo (ao menos, para quem o produz) que cumpre as exigências de uma determinada ação social; [assim sendo, a criatividade apresenta um resultado, um produto. Criatividade implica o] "processo através do qual se chega a este resultado, processo no qual constatamos se expressa o vínculo do cognitivo e do afetivo da personalidade". [...] "Em síntese, criatividade é o processo de *descobrimento ou de produção de "algo novo" que cumpre exigências de uma determinada situação social,* na qual se expressa o vínculo dos aspectos cognitivos e afetivos da personalidade.

Produzir algo novo pode ser a elaboração de uma idéia, uma alternativa de solução, objetos etc., e a criatividade envolve vários processos, como o pensamento, a percepção, a motivação, a imaginação etc.

Para os autores, a criatividade é

expressão da unidade do cognitivo e do afetivo na personalidade, e se em alguns momentos parece que um dos elementos predomina sobre o outro, é precisamente esta unidade indissolúvel em sua ação na regulação do comportamento que serve de suporte ao processo criativo.

É importante ressaltar que a criatividade entendida dessa maneira não é privilégio de determinado grupo de indivíduos que tem atividades específicas, como produção de obras de arte ou de

72 LUCIA ALMEIDA

literatura, mas está ao alcance de qualquer pessoa que busque novas soluções para seu cotidiano, para a sua realidade de vida.

Em síntese, verificamos que os enfoques de Moreno, Rey e Martínez complementam-se, e de sua articulação podemos destacar alguns aspectos, como: criatividade implica inovação de resposta ou de produto; adequação de resposta vincula-se à sua utilidade ou valor do ponto de vista social; criatividade não é exclusividade de determinado grupo, mas pode ser desenvolvida por todos, desde que haja vontade – da qual faz parte a espontaneidade; a inter-relação do cognitivo e do afetivo traduz a filosofia de Moreno, que sempre olha o homem de forma integrada.

Complementando o complexo espontaneidade-criatividade, Moreno (1992) criou a categoria do momento em oposição a conserva cultural. De acordo com o autor, "a espontaneidade opera no presente, agora e aqui; propele o indivíduo em direção à resposta adequada à nova situação ou à resposta nova para situação já conhecida".

Método educacional psicodramático

Apesar de já termos mencionado inúmeras vezes o método criado por Romaña e explicado seus objetivos e articulações ao longo deste capítulo, sentimos falta de uma última explicação, o que não significa que o tenhamos explorado em sua totalidade teórica e prática. Trata-se do que Romaña (1985) denominou "níveis de realização psicodramática (realidade, simbolismo, fantasia) e os mecanismos comprometidos no processo de aprendizagem". Dito de outra forma, a autora criou um "caminho metodológico, que estruturasse os três planos de vivência dramática". Dessa maneira, estabeleceu um modelo que articula os níveis de aproximação ao conteúdo com os níveis de realização psicodramática:

1º passo: Aproximação intuitiva e afetiva (a dramatização é real e surge da experiência ou dos dados de referência).

2º passo: Aproximação racional ou conceitual (a dramatização é simbólica).

3º passo: Aproximação funcional (a dramatização dá-se ao nível da fantasia).

O primeiro nível, o da realidade, envolve

"um momento descritivo, ou seja, de *análise*". [O segundo nível, simbólico, requer uma síntese, ou expressa uma síntese. Esses dois níveis implicam] "*relação afetivo-intuitiva e conceitual*". [...] O terceiro nível, da fantasia, envolve a generalização, quando o sujeito estabelece uma relação funcional com o conhecimento. (1992)

Romaña acredita que "o método deve ser *flexível* como um tecido, *sutil* o suficiente para não coibir as iniciativas e *firme* o suficiente para acompanhar os movimentos e tentativas de compreensão, sem quebrar-se". A autora conclui dizendo que o modelo criado por ela deve funcionar como guia e referência e "que não deve ser compreendido como uma camisa que prenda o conteúdo à força".

Neste capítulo, limitamo-nos a assinalar o referencial teórico de Moreno, diretamente vinculado ao presente projeto – sem ter tido a pretensão de esgotá-lo –, como do método educacional psicodramático. Buscamos ainda ampliar a reflexão sobre criatividade por meio de outros autores, não vinculados ao psicodrama, tendo em vista a importância desse elemento para o desempenho do papel profissional na contemporaneidade.

3

O processo metodológico de uma experiência socionômica

O presente trabalho está inserido no campo da subjetividade humana, estabelecendo como premissa que o homem é sujeito e objeto do processo de investigação científica numa abordagem qualitativa e articulado à compreensão do homem como ser histórico.

Enfocamos subjetividade como categoria de uma nova forma de pensar, de acordo com as reflexões de González Rey (2000) sobre o paradigma de investigação no campo da subjetividade humana. O autor desenvolve o trabalho, estudando a construção do conhecimento por meio do sujeito e suas emoções, seus sentimentos, valores e significados, isto é, a própria subjetividade.

Segundo González Rey, aceitar o valor ontológico da subjetividade leva a "uma nova definição epistemológica no campo das ciências humanas, que implica o desenvolvimento de novas formas de produção de conhecimento na investigação científica", significando um novo cenário para a produção científica nas ciências humanas, em contraponto à objetividade como princípio fundamental do pensamento científico.

A objetividade como princípio metodológico norteia o estudo das ciências naturais visando o desenvolvimento do conhecimento e a formulação de teorias. Exige neutralidade do pesquisador, e tanto sujeito quanto o objeto são elementos independentes no processo de pesquisa. A pesquisa voltada para as ciências humanas adquire uma conotação diferente, na qual a forma de tratar os elementos das ciências naturais não é adequada ao tratamento dos objetos das ciências humanas, criando a necessidade de compreender o homem por meio de outro paradigma, cujo estabeleci-

O TRABALHADOR NO MUNDO CONTEMPORÂNEO   75

mento está em processo de discussão pelos cientistas da área das ciências humanas. Oliveira & Oliveira (1981) afirmam que

> o ideal positivista, segundo o qual tudo pode ser captado, controlado e medido pela ciência, não leva em conta toda uma série de interrogações e questionamentos sobre as causas profundas dos fenômenos sociais e sobre seu dinamismo interno.

Segundo González Rey, "o estudo e a investigação da subjeti vidade, por sua complexidade, definem exigências epistemológicas que permitam o desenvolvimento de novas concepções metodológicas". Não existe ainda um paradigma pronto voltado para a investigação qualitativa, mas alguns indicadores já estão definidos e sendo aplicados, por exemplo, o envolvimento do pesquisador na pesquisa; o conhecimento da realidade concreta,[1] a percepção dos pesquisados como dado relevante, a ação como meta final do processo de investigação, o momento histórico, sua processualidade e dinamicidade, além de outros. Rey explica que

> este tipo de investigação implica passar de uma epistemologia da resposta a uma epistemologia da construção, na qual o sujeito [...] vai se encontrando em diferentes zonas de sua vida através da reflexão sobre sua própria experiência. Esse processo vai envolvendo afetiva e intelectualmente o sujeito com a investigação, o que tem uma importância essencial para a qualidade da sua produção. [...] O processo de envolvimento do sujeito com suas emoções pressupõe o desenvolvimento de suas próprias necessidades no curso da investigação.

Essa investigação propôs uma intervenção planejada, de caráter educacional, fundamentada pelo referencial teórico da socionomia de Moreno, em que a subjetividade está permanentemente presente. O papel de pesquisador em uma investigação de cunho psicodramático muitas vezes confunde-se e funde-se com o papel de diretor, ou, dizendo de outra forma, o diretor de psicodrama é

---

1. Para Paulo Freire (1981), a realidade concreta diz respeito aos fatos e dados, bem como à percepção das pessoas envolvidas ou, em outras palavras, a realidade concreta aparece por meio da "relação dialética entre objetividade e subjetividade".

um pesquisador social, um observador participante, e suas funções colocam-no muito próximo ao grupo. Sua subjetividade aflora da mesma forma que a do grupo de pesquisa. O diretor de psicodrama, por meio das técnicas psicodramáticas, é um facilitador do conhecimento da realidade concreta e da subjetividade de cada sujeito, em consonância com o grupo de referência.

Refletindo ainda sobre a questão da subjetividade no âmbito da investigação qualitativa, podemos dizer que ela se constitui permanentemente no processo histórico-social do qual o sujeito faz parte, ou, em outras palavras, se constitui por meio das relações que estabelece no desempenho de seus papéis sociais. Esses papéis implicam o estabelecimento de vínculos, por exemplo, professor–aluno. De acordo com Bustos (1999), psicodramatista e discípulo de Moreno,

> papéis e vínculos são o ponto de partida epistemológico da teoria de Moreno, [...] os seres humanos não existem no isolamento, mas vivem sempre em referência a grupos, família, escola ou trabalho. [...] Os grupos são constituídos por pessoas que se relacionam por meio de *vínculos*, que entram em contato através de *papéis*.

A teoria de papéis foi explicada no Capítulo 2, mas aqui se trata de assinalar a sua contribuição para a dimensão metodológica deste trabalho. Como síntese, podemos utilizar as palavras de González Rey (2000) para quem "a subjetividade é a produção de um fenômeno humano por excelência e integra os processos individuais e sociais", o que define bem a natureza do presente projeto de pesquisa.

O processo de pesquisa como ação educacional deve ser "a produção de novos conhecimentos que aumentem a consciência e a capacidade de iniciativa transformadora dos grupos com quem trabalhamos" (Oliveira & Oliveira, 1981). A percepção da realidade vivenciada pelo grupo é essencial para o processo de construção de conhecimento e desenvolvimento de cada um e do grupo. Da troca possibilitada pelo contexto grupal pode-se alcançar novo patamar de conhecimento. A construção do novo conhecimento será feita com e "a partir de dentro da situação vivida pelo grupo, um conhecimento da realidade que conduza à identificação dos meios para superar a situação. [...] Conhecer a realidade é condição de sua transformação". Por meio do processo de pesquisa objetivamos que o grupo "possa assumir, de forma cada vez mais lúcida e autônoma, seu papel de protagonista e ator social".

Retomamos a palavra de Romaña (1985) que ao falar do pedagógico na metodologia psicodramática, corrobora o pensamento de Oliveira & Oliveira sobre o processo de transformação propiciado pela ação educativa e a busca da autonomia como ser social e histórico, afirmando que

> qualquer tarefa educativa procura conciliar a transmissão de conhecimentos sistemáticos – para uma melhor compreensão do mundo e das possibilidades e limitações do homem – com a necessidade de facilitar ao aluno o reconhecimento dessa sua realidade imediata e concreta, de modo que ele possa desenvolver tanto a sua compreensão crítica e ativa como sua vontade transformadora.

Na perspectiva da pesquisa alternativa, o pesquisador interage com o objeto da pesquisa e a sua visão de mundo, bem como sua experiência influencia as decisões metodológicas. Nesse sentido, disponibilizamos o método e as técnicas do psicodrama para o grupo repensar o papel profissional diante da realidade contemporânea, percebendo a metodologia psicodramática como forma de intervenção para o processo de educação continuada das pessoas, que busca criar condições para que o grupo reflita, discuta e, por meio da ação, construa um conhecimento útil e aplicável ao seu dia-a-dia. Privilegiamos a utilização do jogo dramático por seu caráter lúdico, mas que "garante a assimilação e a apropriação da realidade através do imaginário e da fantasia" (Datner, 1995).

É, em geral, realizado de forma coletiva, o que propicia aprendizagem sobre si mesmo e sobre o outro. Os jogos individuais visaram o desenvolvimento do autoconhecimento dos sujeitos, sem torná-los protagonistas, segundo a metodologia psicodramática, explicada no Capítulo 2. As informações oferecidas pelos sujeitos, em grupo ou individualmente, ao longo do processo de investigação, não são passíveis de interpretação pela unidade funcional ou por nenhum outro participante, pois o psicodrama pedagógico não tem esse propósito, mas sim o de propiciar aprendizagem individual e coletiva "por meio do treinamento da espontaneidade do indivíduo, baseando-se na análise do desempenho presente" (Moreno, 1992), ou seja, do aqui e agora, de acordo com a categoria do momento de Moreno.

Dados sobre a empresa e sujeitos da investigação

A realização dessa pesquisa compreendeu a constituição de um grupo em uma empresa pública, criada em dezembro de 1964, prestadora de serviços em tecnologia da informação, que visa a promoção de soluções para a tomada de decisões estratégicas por parte dos órgãos governamentais. Sua sede encontra-se em Brasília e está presente em praticamente todo o território nacional por intermédio de suas projeções regionais e escritórios locais. Apresenta um quantitativo total de 8.780 empregados em nível nacional, sendo que na empresa propriamente dita trabalham 5.113 pessoas, e os demais estão lotados nos clientes da empresa. Na regional de São Paulo, local de desenvolvimento dessa investigação, encontram-se 953 empregados. Como empresa pública, seus empregados são contratados pelo regime da CLT por prazo indeterminado, e há mais ou menos cinco anos tornou-se obrigatória a realização de concurso público como forma de seleção e ingresso na organização. A empresa disponibiliza benefícios como: assistência médica, vale-refeição, previdência privada com participação do empregado etc. Passou por processos de reorganização organizacional determinados pela política governamental relativa às empresas públicas, como: redução do quadro de empregados, *downsizing*, ampliação dos serviços terceirizados, reengenharia, alterando significativamente o contexto interno da organização e o perfil do empregado, visando atender aos indicadores modernos de desempenho, como custos, qualidade, atendimento, agilidade, cooperação, criatividade, inovação. Os sujeitos da pesquisa, oriundos de várias unidades de gestão,[2] apresentam as características resumidas no Quadro 1.

---

2. De acordo com o modelo de gestão adotado pela empresa, as unidades de gestão são descentralizadas, que respondem pela gestão dos próprios recursos humanos e financeiros. São responsáveis pelos serviços nacionais e pela gestão dos negócios da empresa perante os clientes.

O TRABALHADOR NO MUNDO CONTEMPORÂNEO 79

QUADRO 1
Descrição das Características dos Participantes

Partici-pante	Idade	Sexo	Escolaridade	Tp. Emp	Cargo / Função	Tp. Inf.	Out. empr.
1	40	F	Sup. incomp.	16 a	Téc. / Secretária	–	8 m
2	36	F	2º grau comp.	17 a	Téc. / Secretária	–	1 a 10 m
3	40	M	2º grau comp.	19 a	Aux./ Supervisor	–	4 a
4	40	F	2º grau comp.	21 a	Téc. / Secretária	–	3 m
5	45	F	Sup. incomp.	13 a	Aux. / Secretária	–	10 a
6	40	F	Sup. comp.	22 a	Téc. / Secretária	–	7 a
7	44	F	2º grau comp.	19 a	Aux. / Secretária	–	8 a
8	41	F	Sup. comp.	23 a	Aux. / Gestão Int.	–	1 a
9	39	F	Sup. incomp.	15 a	Aux. / Secretária	–	1 a 6 m
10	41	F	Sup. comp.	15 a	Téc. / Secretária	–	6 a
11	42	F	Sup. comp.	23 a	Téc. / Secretária	–	–
12	43	F	2º grau comp.	23 a	Téc. / Gestão Int.	–	–
13	32	F	2º grau comp.	13 a	Aux. / Compradora	–	–
14	39	F	2º grau comp.	18 a	Aux. / Secretária	–	4 a
15	23	F	Sup. incomp.	2 a	Téc. / Programador	1 a	–
16	35	F	Sup. comp.	17 a	Téc. / Secretária	–	–
17	40	F	2º grau comp.	21 a	Téc. / Secretária	–	–
18	44	F	2º grau comp.	16 a	Aux. / Gestão Int.	–	8 a
19	36	F	Sup. incomp.	14 a	Téc. / Programador	–	2 a
20	44	F	Sup. incomp.	21 a	Aux./ Com. Social	–	–

Procedimentos

Foram realizadas entrevistas individuais com os participantes, cuja síntese encontra-se no Capítulo 4 – Quadro 4, visando a coleta de dados de várias ordens. O primeiro passo da entrevista foi o preenchimento da Ficha de Inscrição (Anexo 1), cujos dados foram organizados no Quadro 1: explicação sobre o projeto de pesquisa; solicitação de autorização para gravar a entrevista. A realização da entrevista visou identificar a motivação para participar do grupo, conhecer as expectativas e fantasias em relação ao trabalho a ser desenvolvido, e contextualizar o empregado na empresa (como o sujeito percebia e sentia o fato de trabalhar naquela empresa). A entrevista incluía a assinatura do consentimento (modelo do termo de aceite no Anexo 2), contendo a autorização para divulgação dos resultados dos trabalhos do grupo e posterior publicação. Ao final da entrevista foi solicitado aos participantes a elaboração de uma redação. Nova redação foi solicitada ao final do processo de pesquisa (os aspectos relevantes das redações encontram-se no Quadro 3 do Capítulo 4). A análise dos resultados da investigação foi elaborada com base em indicadores contidos nas redações e no processo grupal realizado.

O procedimento desenvolvido com o grupo foi constituído por seis encontros, com a duração de três horas cada, realizado uma vez por semana, no horário das 9 às 12 horas, no período de 26/10 a 30/11/2000. Os encontros foram desenvolvidos por meio de jogos dramáticos, vivências, textos, exposição dialogada, tendo na metodologia psicodramática aplicada à educação o eixo fundante. A abordagem temática dos encontros foi definida em consonância com o título do presente projeto, colocando o papel profissional em cena, visando construir um caminho que propiciasse um olhar sobre a realidade contemporânea, a construção do papel profissional numa perspectiva histórica pessoal, a questão da empregabilidade, a necessidade de recriar o papel profissional diante dos atuais desafios da realidade contemporânea. O procedimento relativo a cada encontro do processo grupal está descrito de maneira sucinta na seqüência do texto.

O primeiro encontro realizado no dia 26 de outubro de 2000 contou com a participação de 19 participantes, apresentando como

O TRABALHADOR NO MUNDO CONTEMPORÂNEO 81

objetivos a integração destes, o levantamento de expectativas e a reflexão sobre a realidade contemporânea.

O encontro foi realizado em dois momentos. O primeiro esteve voltado para a integração dos participantes e o levantamento de expectativas em relação ao processo. Foi realizado por meio de um jogo desenvolvido em duas etapas. A primeira compreendeu a apresentação individual por meio da seguinte instrução dada pelo diretor: "Escolha entre os papéis disponíveis (papel laminado, estampado, jornal, de seda, colorido, celofane) o que mais lhe agrada, com o qual você mais se identifica, dando um formato que represente a percepção em relação ao próprio papel profissional hoje". O diretor solicita também que o sujeito explicite por que escolheu aquele papel e por que deu o formato apresentado.

A segunda etapa compreendeu a identificação das expectativas, quando, após todas as apresentações individuais, os participantes formaram quatro grupos constituídos segundo afinidades percebidas durante as apresentações (com referência a cor, forma ou conteúdo da fala) e com a incumbência de construir algo que simbolizasse as expectativas do grupo em relação ao treinamento, e também dar um nome à construção. Esta deveria ser feita com os respectivos papéis, recebendo como material adicional apenas cola.

O segundo momento do encontro foi voltado para a reflexão da realidade contemporânea. Para tanto foi distribuído para cada participante um texto especialmente preparado com base no Capítulo 1 deste trabalho. O diretor solicitou, inicialmente, a leitura individual e, após a leitura, pediu que os participantes se reunissem em três subgrupos. A instrução dada pelo diretor referia-se à criação de cenas que, com base no conteúdo trazido pelo texto, estabelecessem relações com o cotidiano de trabalho na realidade contemporânea.

Ao final do encontro foi realizada a avaliação de reação[3] que se constituiu na complementação de duas frases: "O encontro foi"... e "Estou me sentindo"..., e que visou obter de cada participante a qualificação do encontro, assim como a expressão de sentimento de cada participante a respeito dele. Solicita-se que sejam

---

3. Por avaliação de reação entendemos a avaliação realizada imediatamente ao final do encontro, visando registrar sentimentos, sensações e emoções dos participantes.

utilizadas poucas palavras, se possível apenas uma, não se aceitando nem a palavra bom para o encontro, nem a palavra bem para o sentimento, pois ambas indicam uma avaliação automática e sem reflexão. Essas duas frases incompletas encontram-se em uma papeleta previamente preparada, que são entregues a cada participante, preenchidas e recolhidas pela unidade funcional para posterior tabulação. Observamos que a avaliação realizada ao final de cada encontro obedece sempre ao descrito anteriormente, buscando construir um processo avaliatório ao longo dos encontros, que auxiliou na realização de ajustes no planejamento, além de fornecer uma medida dos sentimentos do grupo. Nesse encontro o ego-auxiliar atuou como observador, registrando os dados.

O segundo encontro foi realizado no dia 31 de outubro de 2000, com a presença de 16 participantes, e o objetivo principal foi a construção da história do papel profissional.

O encontro teve início pelo resgate da avaliação de reação, descrita nos procedimentos relativos ao primeiro encontro, e cujo resgate será repetido ao longo de todo o processo, sempre dando início ao trabalho de aquecimento do grupo. Algumas palavras foram pesquisadas e comentadas. Em seguida, foram destacados alguns aspectos principais existentes no texto sobre a realidade contemporânea e insuficientemente desenvolvidos no encontro anterior.

Para a construção da história do papel profissional foram constituídos subgrupos conforme o tempo de trabalho na empresa. Para tanto, foram definidas três faixas: de 0 a 15 anos, de 16 a 20 anos e mais de 20 anos, de acordo com sugestões do próprio grupo, que considerou essa divisão a mais adequada à sua realidade. Essa distribuição foi mantida ao longo de todo o segundo encontro. Foram definidos também três tempos da história do papel profissional para serem trabalhados, mas essa informação foi dada uma por vez. Os três tempos definidos foram: o passado vinculado ao início da carreira, na empresa ou em outro local; o presente; e o futuro num horizonte temporal de cinco anos.

A instrução dada para o primeiro tempo histórico – o passado – foi: "Lembrem da vida profissional de vocês antes do ingresso na empresa, o que faziam, onde estavam, como pensavam e o que sentiam. Em seguida, criem uma máquina que represente o trabalho de vocês nesse período de início da carreira profissional.

Discutam no subgrupo e escolham uma máquina (aparelhos elétricos, eletrônicos ou meios de transporte) que apresente características semelhantes às lembranças de vocês". A mesma instrução foi repetida, alterando o período – atual e futuro (para daqui a cinco anos), respectivamente, e fazendo a necessária adequação à frase.

A estratégia definida para a apresentação de cada subgrupo, em cada um dos tempos históricos estabelecidos, foi a seguinte: cada um apresentava a máquina criada e a platéia descobria qual era a máquina e dava as características que percebia. O subgrupo, autor da máquina só podia escutar, depois confirmava ou não a percepção da platéia, podendo então complementar e explicar a sua construção. Esse processo foi repetido para cada subgrupo, percorrendo os três tempos definidos. Ao final do encontro foi realizada uma avaliação de reação, já detalhada nos procedimentos relativos ao primeiro encontro.

O terceiro encontro foi realizado no dia 9 de novembro de 2000 e contou com a participação de 15 pessoas, apresentando como objetivo principal a construção da escultura do papel profissional.

Como no início de todos os encontros, foram comentadas algumas palavras selecionadas pelo diretor, entre aquelas apresentadas na avaliação de reação do encontro anterior. Em seguida, o diretor deu as instruções para a construção da escultura do papel profissional. Esta é feita por meio de um jogo dramático individual, que utiliza objetos pessoais dos sujeitos. Para tanto, no último encontro foram alertados sobre a necessidade de terem consigo nessa reunião, bolsas, mochilas, pastas usadas habitualmente. A instrução dada pelo diretor foi: "Pense no seu papel profissional hoje – nas características positivas ou negativas que você reconhece, nas habilidades que você tem e utiliza no seu dia-a-dia, nas atitudes, nos conhecimentos, nos talentos que você identifica na sua pessoa e em áreas para melhoria que você reconhece como necessárias. Abram as bolsas e procurem objetos que tenham a ver com os componentes do papel profissional, organizem e arrumem como uma escultura. Depois de pronta, pensem em um nome". Após todos os participantes terminarem a construção de suas esculturas, cada um a apresentou ao grupo, explicando o significado dos objetos escolhidos e, quando fosse o caso, a posição ocupada. Ao final do encontro foi realizada a avaliação de reação já mencionada.

O quarto encontro foi realizado no dia 16 de novembro de 2000, com a participação de 15 pessoas. Como aquecimento do grupo, o diretor iniciou o encontro pelo resgate da avaliação de reação. Em seguida, divulgou uma notícia impactante, que representava uma ameaça ao emprego atual, visando introduzir o tema empregabilidade. A notícia escolhida versou sobre o leilão de privatização da empresa, empregando uma variante da metodologia do jornal vivo de acordo com a teoria psicodramática, uma vez que foi utilizada uma notícia que não é verdadeira, mas que ajudou a criar o clima para a realização de debate dramatizado na busca de alternativas de solução para o problema apresentado. Foram formados subgrupos de acordo com as alternativas escolhidas, que construíram cena ou imagem, representando a escolha feita. Como fechamento desse encontro e visando nutrir o grupo conforme os preceitos do psicodrama pedagógico, foram apresentadas informações relacionadas a trabalho, empregabilidade e procura de novos empregos, por meio de exposição dialogada realizada pelo diretor. Para finalização do encontro, foi feita uma avaliação de reação, em conformidade com os anteriores.

O quinto encontro foi realizado no dia 23 de novembro com a presença de 16 participantes. Foi feito o resgate da avaliação de reação e pesquisa de palavras que tinham chamado a atenção do diretor. Em seguida, o diretor distribuiu papeletas previamente preparadas contendo palavras-chave relacionadas aos componentes do papel profissional e à empregabilidade. Cada um escolheu uma papeleta, e a palavra nela contida deveria trazer à lembrança uma cena real, a qual foi relatada ao grupo. Após todos os relatos, os participantes formaram subgrupos por afinidade com a cena relatada ou palavra-chave. Cada subgrupo criou uma cena que representasse o significado das palavras, fazendo, então, uma síntese. Por sugestão do grupo, foi realizada a síntese das sínteses apresentadas pelos subgrupos. Ao final do encontro, foi realizada a avaliação de reação.

O TRABALHADOR NO MUNDO CONTEMPORÂNEO 85

O sexto e último encontro foi realizado no dia 30 de novembro de 2000 com a participação de 18 pessoas. Foi feito o resgate da avaliação de reação como nos demais encontros e a complementação das informações iniciadas no quarto encontro sobre empregabilidade por meio de exposição dialogada do diretor. Foi realizada uma avaliação dos cinco encontros, por meio da construção de imagens que representaram o momento mais significativo do processo. Foi feita também a avaliação dos encontros por intermédio de jogo individual, em que cada um expressou de que forma chegou e como estava indo embora, usando objetos que representaram seu sentimento e sua autopercepção.

Indicadores

A construção de indicadores para um estudo voltado para o campo da subjetividade humana é bastante complexa. Procuramos embasar nossa construção no referencial teórico de Moreno sobre criatividade-espontaneidade; em Castells, quando se refere aos quesitos do mundo contemporâneo para a atividade profissional; e o autoconhecimento como fundamental para otimização das características do papel profissional. Dessa forma, buscamos construir indicadores suficientemente consistentes à análise e discussão dos dados obtidos durante o processo de investigação.

Criatividade e espontaneidade foram conceituados no Capítulo 2, referente à socionomia e ao psicodrama pedagógico, representando parte essencial da teoria de Moreno. Entretanto, no mundo contemporâneo são requisitos considerados indispensáveis ao bom desempenho do papel profissional. Diante dessa coincidência, criatividade e espontaneidade tornaram-se elementos essenciais à análise dos dados do presente processo de investigação.

Em Castells (1999) encontramos trabalho em equipe como exigência do mundo contemporâneo para a atividade profissional, conforme explicitado no Capítulo 1. Para o autor "a natureza do processo de trabalho informacional exige cooperação, trabalho em equipe, autonomia e responsabilidade". Fela Moscovici (1988) complementa dizendo que

86 LUCIA ALMEIDA

a competência de efetividade de equipe, [...] promove possibilidades maiores de alcançar a tão desejada sinergia. Os esforços colaborativos e harmônicos dos membros juntam-se para produzir uma resultante grupal mais potente que a simples soma das forças individuais.

E o autoconhecimento, que consideramos indicador fundamental para o desenvolvimento do sujeito em qualquer papel social que desempenhe. De acordo com Fela Moscovici,

a competência de autoconhecimento é indispensável para a identificação e utilização de recursos pessoais, potencialidades e limites, respeito à sua dinâmica intrapessoal [...] e auto-imagem mais realística. A competência interpessoal abrange a dimensão eu-outros, que possibilita comunicação efetiva e relacionamentos satisfatórios.

Em relação ao desempenho profissional do participante, a autora afirma que:

A experiência diária de vida mostra que quando a pessoa está fisicamente bem, sente-se melhor consigo mesma e com disposição para carrear mais energia e vitalidade para o trabalho. O equilíbrio emocional traduz-se em motivação, entusiasmo, excitação, e possíveis sensações de alegria e prazer no trabalho.

Entendemos que os indicadores selecionados: – criatividade, espontaneidade, trabalho em equipe e autoconhecimento – definem elementos significativos para observação e análise do processo de investigação realizado, uma vez que representam quesitos importantes para o desempenho do papel profissional na empresa moderna.

4

Análise científica de uma experiência socionômica

Este capítulo trata da análise do processo grupal, dos resultados obtidos em cada encontro e da análise das redações elaboradas pelos participantes; a primeira delas indica como cada um percebia seu papel profissional antes da intervenção grupal, e a segunda, refere-se à percepção do participante sobre ele, após o processo grupal.

Selecionamos criatividade, espontaneidade, autoconhecimento e trabalho em equipe como os indicadores para o movimento de reflexão e recriação do papel profissional e, conseqüentemente, como elementos para análise e discussão dos dados obtidos no decorrer do processo de investigação. Esses indicadores estão explicitados nos capítulos sobre a teoria psicodramática e sobre a metodologia do presente trabalho.

É importante destacar que o papel profissional é de autoria de cada participante, e o seu desenvolvimento, de sua responsabilidade. Quando um indivíduo trabalha em uma empresa, possui atribuições que lhe são designadas pela organização, de acordo com o cargo ou a função que ocupa. Nesse caso, o indivíduo adapta o seu papel profissional às atribuições requeridas, o que não significa que o papel profissional limite-se a elas. E quando a organização investe no desenvolvimento do empregado, em geral a atividade está vinculada diretamente às suas atribuições e funções. Assim, o desenvolvimento do papel profissional de forma permanente e integrada torna-se de responsabilidade do próprio participante.

O papel profissional que apresenta baixo nível de desempenho pode ser caracterizado levando em conta os seguintes aspec-

88 LUCIA ALMEIDA

tos: respostas pouco criativas, percepção reduzida dos componentes do seu papel profissional, descrição pobre das atribuições, confusão entre papel e cargo ou função; dificuldade em delimitar as dimensões da experiência interpessoal e reconhecer o que é do profissional, e dificuldade em trabalhar em equipe. Esse conjunto de características relaciona-se com um baixo nível de autoconhecimento, de coerência e de capacidade de reflexão.

Com base nesses parâmetros e dos indicadores definidos, faremos a análise e discussão dos dados dos seis encontros realizados durante o processo de investigação.

Na primeira etapa do jogo desenvolvido no primeiro encontro, os participantes relataram características pessoais associadas à cor escolhida e ao formato do papel. A cor escolhida pela participante 18 representa liberdade. Percebe-se como profissional com clareza, amizade e transparência. A participante 4 percebe-se como transparente e conservadora. Escolheu o azul como a cor e a seda como textura. A participante 12 escolheu o vermelho, que associou com luz e vida, não alterando o formato original do papel. A participante 1 escolheu a cor rosa porque representa a feminilidade e percebe no seu lado feminino um aspecto importante do seu papel profissional e se sente realizada profissionalmente. O participante 3 escolheu papel jornal porque representa a possibilidade de reciclagem, de transformação e apresenta várias utilidades. A participante 14 percebe no dourado a importância de ter brilho próprio. A participante 11 percebe-se como conservadora, organizada e previdente, representados pelo quadrado em papel de seda amarelo. A participante 9 percebe-se como uma pessoa simples, inteira e que gosta de aprender sempre, representado por uma faixa de papel de presente com motivo infantil. A participante 10 percebe-se como profissional pouco conservadora, transparente e disponível para o novo. A participante 16 está aberta para aprender e gosta de ajudar. A participante 17 escolheu o rosa *pink* porque dá a sensação de alegria, não fazendo relação quanto ao papel profissional. A participante 6 também não fez referência ao papel profissional, apenas à força representada pela cor amarela. A participante 13 percebe-se como conservadora, com seriedade e gosta de aprender. A participante 8 escolheu o quadrado como formato porque permite chegar a novas formas. A participante 5

O TRABALHADOR NO MUNDO CONTEMPORÂNEO 89

percebe-se como uma pessoa pouco transparente e pontual. A participante 19 fez um origami, que representa o poder de transformar. A participante 7 percebe-se transparente e coerente. A participante 20 também se percebe transparente. A participante 15 percebe-se uma pessoa tímida, com tendência a gostar de coisas complicadas e aberta à transformação.

Apesar da instrução dada pelo diretor, os participantes não apresentam algumas características como dimensões apenas do papel profissional (liberdade, paixão, leveza, beleza, alegria, paz e harmonia). As participantes 12, 17 e 6 descrevem um sentido apenas para a cor. As características que aparecem com maior freqüência são transparência, ser conservadora, poder transformar e aprender sempre.

Outras características próprias ao papel profissional e também percebidas pelos participantes como características pessoais: flexibilidade, amizade e companheirismo, clareza, feminilidade, ser previdente, coerência e inteireza, responsabilidade, ter brilho próprio, não ter medo de ensinar o que sabe e gostar de lidar com pessoas. Como pontos para melhoria do papel profissional, assinalamos a participante 15, que percebe que "complica sem precisar", e a 1, que acha válido utilizar o seu "lado mãe" na relação com outros profissionais.

Em relação às expectativas (segunda etapa do mesmo jogo), foram constituídos quatro subgrupos, cujos resultados estão descritos no Anexo 3.

O subgrupo que denominou a construção de "Ordem e Progresso" apresentou expectativas voltadas ao desenvolvimento do papel profissional por meio do aprendizado, buscando renovação, criatividade, alegria e percebendo na comunicação o elemento fundamental para o processo de evolução e aquisição de novos conhecimentos.

O subgrupo autor da "Tocha Olímpica" trouxe os próprios participantes com a experiência e os conhecimentos já adquiridos e espera receber informações e novos conhecimentos que impliquem mudança e renovação.

Os participantes que construíram a "Pirâmide do Crescimento" esperam "dicas" para "fazer as coisas da maneira certa" e questionam o valor da informação a ser recebida (temem aprender coisas velhas e já conhecidas). Apresentam uma expectativa que necessita de ajustes em relação à proposta contida no processo, uma vez que estão focados na função que exercem (secretária), demonstrando a prevalência da conserva cultural no grupo. Os membros componentes do "Bastão de Compartilhamento" esperam que cada um faça a sua parte, uma vez que o resultado pertence a todos. Demonstram disponibilidade para a troca de experiências, noção de responsabilidade e cooperação.

No segundo momento do encontro, dedicado à reflexão da realidade contemporânea por meio da utilização do "jornal vivo" realizado com um texto previamente preparado com base no conteúdo do Capítulo 1, verificamos os dados apresentados a seguir.

O primeiro grupo apresentou uma cena que poderia ocorrer em qualquer área da empresa e colocou em foco a desmotivação geral dos profissionais e o trabalho utilizado mais como desculpa para a não-integração do que pelo trabalho propriamente dito; em outras palavras, o desinteresse pelo outro e o aumento da individualidade.

O segundo criou uma reunião de trabalho buscando focar a importância fundamental do trabalho em equipe e do atendimento aos quesitos do cliente, com qualidade.

A terceira cena apresentou uma solicitação de reserva para uma sala de reunião e mostrou como o uso excessivo da informática (correio eletrônico via *intranet*) afasta as pessoas e às vezes cria problemas que poderiam ser resolvidos facilmente pela relação pessoal.

Os três principais temas trazidos pelas cenas enfocaram questões típicas da contemporaneidade, como a pouca valorização das relações humanas substituídas pelo uso abusivo da tecnologia; o exacerbamento do individualismo; e a importância de se trabalhar em equipe, a parceria com o cliente, realizando um trabalho com qualidade e de acordo com os quesitos do cliente, mas sem perder de vista o fator da competição moderna. Os temas anteriores indicam que o grupo apresenta percepção adequada em relação a alguns aspectos da atualidade e às dificuldades presentes no dia-a-dia de uma empresa pública que passou por processos de modernização como *downsizing*, reengenharia, redução do quadro

O TRABALHADOR NO MUNDO CONTEMPORÂNEO 91

de empregados, explicados no Capítulo 1, que tiveram grande impacto sobre os profissionais que permaneceram, exigindo deles mudanças de várias ordens, conforme relato contido nas entrevistas.

Observamos que os papéis assumidos nas cenas relatadas foram papéis-fantasia, criados pela realidade cotidiana da empresa, e apresentando um conteúdo de sensações e sentimentos próprios do dia-a-dia.

O segundo encontro teve como foco principal a reconstrução da história do papel profissional, que é um momento importante porque possibilita resgatar o passado, projetar o futuro e perceber o presente.[1] Recordar o passado resgata sonhos e certa leveza própria da juventude, dando forças para viver o presente e desenhar o futuro.

A utilização de metáforas (construção das máquinas) facilita a exteriorização de sentimentos e sensações relativos a cada época histórica do papel profissional e cuja atividade rememorativa contribui para o processo de revisão do papel, agregando elementos que estavam esquecidos de forma que possam aflorar, sejam conscientizados e analisados pelo participante. Estimula a criatividade e espontaneidade das pessoas, bem como o trabalho em equipe, ampliando a autopercepção, o autoconhecimento e o conhecimento do outro. Compartilhar é sempre enriquecedor.

Acompanhando o processo de desenvolvimento de construção das máquinas de cada um dos subgrupos, podemos tecer os seguintes comentários:

O grupo com maior tempo de casa (mais de 20 anos) construiu um trem maria-fumaça com vagões, um avião a jato (não supersônico) e um navio transatlântico, respectivamente, para cada tempo histórico.

O passado, representado pela maria-fumaça, revela certo romantismo, de acordo com a fala dos participantes, em relação ao papel profissional, alegria, certo descompromisso, sem perder de vista a eficiência e a responsabilidade, indicando o caminhar para a frente.

A representação construída pelo grupo para a atualidade – o avião a jato – demonstra a percepção das demandas da contemporaneidade, como rapidez, inovação, forte presença da tecnolo-

---

1. "É no encontro com seu passado que um grupo humano encontra energia para enfrentar seu presente e preparar seu futuro" (Morin, 2000: 77).

92 LUCIA ALMEIDA

gia em informática, importância do trabalho em equipe, muita disciplina porque não pode haver falhas no trabalho. O grupo reconhece que possui uma experiência bem maior, bem como conhecimento técnico, o que conduz a uma maior conquista de espaço e a certa liberdade para desenvolvimento do trabalho, além de melhor interação com a chefia. Revela consciência da própria evolução em relação ao início da carreira.

O futuro, representado pelo transatlântico, segundo comentários das pessoas do grupo, encontrará a grande maioria já aposentada. Essa projeção induz aos sentimentos de tranqüilidade e serenidade. Sentem-se mais seguras e "mais fortes para enfrentar tempestades", autoconfiantes, uma vez que acreditam em si mesmas, assinalando que ainda têm "um mar imenso para percorrer". Essa atitude pode significar que, mesmo aposentadas, continuarão a trabalhar em outros locais ou circunstâncias, mas mantendo o papel profissional ativo.

O grupo que está na faixa entre 16 e 20 anos de casa construiu para representar o passado duas máquinas: o metrô e uma máquina de escrever; o presente corresponde a uma estação de intersecção de linhas do metrô, e o futuro, ao trem-bala.

O passado revela a percepção da importância da tecnologia em informática, agilidade, rapidez e a consciência de que se não acompanhar a evolução, será "atropelado". Mas revela também a dificuldade de trabalhar em equipe, pois ao construírem duas máquinas diferentes, porém que apresentaram características idênticas, dividiram o grupo.

O presente demonstra o esforço de chegar ao consenso, pois partindo do metrô que representou o passado, ampliaram a idéia e construíram uma estação de intersecção de várias linhas do metrô. Procuraram mostrar a "modernidade", a percepção de que cada participante possui uma função no âmbito organizacional, mas que todos convergem para um objetivo comum, que é o da empresa. Reconhecem que possuem maior segurança e liberdade de ação. Reconhecem também a importância da qualidade e a necessidade permanente de investir no papel profissional, mas ainda delegam essa responsabilidade à empresa, não percebendo que são co-responsáveis no processo de desenvolvimento do papel profissional.

O futuro mostra o avanço tecnológico por meio do trem-bala e a crescente velocidade na vida das pessoas e no dia-a-dia de trabalho. Esperam que o volume de trabalho diminua e que possam ter mais tempo livre para dedicar-se às pessoas. Em outras palavras, que a tecnologia funcione como um elemento libertador do tempo e viabilizador de melhor qualidade de vida (relações com as pessoas). É interessante notar que a evolução tecnológica foi a idéia central desse grupo, observável pela construção das três máquinas. A cena do trem-bala simbolizou uma sintonia perfeita entre seus componentes, demonstrando que tinham superado a cisão havida no trabalho referente ao passado, chegando ao trabalho em equipe harmônico e eficaz na representação do futuro.

O grupo mais jovem (zero a 15 anos de casa) construiu uma locomotiva maria-fumaça sem vagão, representando o passado, um ventilador para o presente e uma bomba-relógio para o futuro.

O passado representado pela locomotiva já demonstrou a percepção da importância do trabalho em equipe, uma vez que cada participante assumiu o lugar das principais partes da locomotiva, por exemplo, a roda e o foguista, demonstrando a necessidade do movimento (ir para a frente) e desejo de evolução no papel profissional.

O presente foi representado por um ventilador. Na atualidade existe insatisfação relacionada ao sentimento de prisão (representada pelo eixo do ventilador), limitadas, com pouca autonomia e desejo de novos conhecimentos. Os participantes percebem a empresa de modo ambivalente, pois ao mesmo tempo que os protege (a grade do ventilador existente apenas no verbal não foi representada concretamente), é cômodo, ela também os prende, restringindo a liberdade, o que gera angústia.

O futuro traz uma bomba-relógio que revela o desejo de "mudar tudo", de inovar, ter maior autonomia, enfrentar desafios. Sentem necessidade de abandonar o comodismo e buscar uma nova vida profissional – "explodir" como a bomba. Esta é "programada para explodir", representando o desejo de mudança e colocando na educação a possibilidade de adquirir novos conhecimentos que permitirão a explosão futura. Participar dos encontros faz parte do caminho de preparação do papel profissional para o futuro. Apresentaram bom nível de autoconhecimento, percepção do presente e do que desejam para o futuro, vendo na educação o melhor caminho para programar a futura explosão.

O terceiro encontro foi dedicado à construção da escultura do papel profissional, único momento individual do processo, uma vez que é de importância fundamental pesquisar a autopercepção de cada participante sobre o seu papel profissional, considerando-se que cada um apresenta características, habilidades, talentos que lhe são próprios e estão em conformidade com a história pessoal e o momento próprio. E são esses componentes que dão sustentação ao desempenho do papel profissional, além da verificação de sua mobilidade, a verificação da possibilidade de acrescentar ou reformular qualquer dos componentes, de acordo com a evolução do referido papel. Esse jogo dramático propicia a cada participante ver concretamente sua percepção sobre o próprio papel profissional, possibilitando momentos de reflexão e muitas vezes de descoberta, pois aspectos desconhecidos ou nebulosos tornam-se presentes na construção da escultura, aumentando o autoconhecimento.

Esse processo torna-se mais significativo para cada participante porque são utilizados objetos concretos e pessoais que têm uma conotação afetiva para cada um. O compartilhar também contribui para o processo de aprendizagem e conhecimento sobre o outro, além de enriquecimento pessoal. O Quadro 2, a seguir, contém a descrição das características e habilidades do papel profissional, apresentadas pelos participantes e os nomes dados a cada escultura, obedecendo à ordem de apresentação destas durante o encontro. O Anexo 3 apresenta a descrição de cada escultura de modo integral.

QUADRO 2
Descrição das Características e Habilidades do
Papel Profissional Evidenciadas pelas Esculturas

Participante	Características e Habilidades do Papel Profissional	Nome da Escultura
1	Boa imagem, credibilidade, capacidade de comunicação, organização, relaciona o trabalho com os filhos e repasse de valores para eles, ética e espiritualidade.	Transcender
2	Comunicação, visão de futuro, nutrir-se de conhecimentos, perfeccionista, estética do trabalho, não administra bem o tempo e anota tudo, pois não confia na memória.	Crescimento

O TRABALHADOR NO MUNDO CONTEMPORÂNEO   95

Partici-pante	Características e Habilidades do Papel Profissional	Nome da Escultura
11	Anota porque tem pouca memória, responsabilidade, sente-se parte da empresa e com um papel importante, percebe-se uma pessoa doce, o pessoal e o profissional ocorrem paralelamente.	Paralelo
2	Anota tudo, apesar de confiar na memória; liberdade e autonomia, boa aparência, bom aproveitamento do tempo, sentido de obrigação com a empresa.	Eu
18	Apesar de anotar tudo, priorizar atividades, não se sente suficientemente organizada; boa aparência; comunicação é fundamental, responsabilidade, autonomia, identifica-se com a empresa, independente, com iniciativa.	O Eu
13	Pontual, manter-se informada, transparente, não é organizada, séria, objetiva, certa dificuldade em se relacionar com pessoas próximas.	O seu próprio nome
4	Organização, atingir objetivos, tato, ascensão, absorve com facilidade os problemas alheios e se envolve, o que é ruim. Considera gratificante ensinar o trabalho a outras pessoas e é reconhecida por essa característica.	Crescimento
20	Anota tudo, versatilidade, fé, gosta de transgredir. Deixar marca pessoal no trabalho é importante, teimosa.	Tenda dos Milagres
9	Previdente, ascensão, pouco expansiva, sóbria, alegre, desejo de aprender e crescer.	Ascensão
17	Necessidade de anotar, não é organizada, boa aparência, boa comunicação, tímida.	Sem nome
14	Organizada, pragmática, aberta a mais conhecimento, sente-se fechada, brilho próprio.	Brilho
8	Anota tudo, organizada, transmite segurança aos outros, teimosa, precavida, independente, religiosidade, proativa e chorona.	Proação
19	Organização, clareza, simplicidade, prevenida, sente-se uma pessoa aberta.	Organização
15	Gosta de ler e pesquisar, de coisas novas, organização, importância do repasse de informações, alegre, fechada, com visão clara das coisas.	Torre (de crescimento e transmissão)
7	Organização, necessidade de anotar, aberta às oportunidades, lado família.	Versátil

Podemos perceber que as participantes 1 e 7 apresentam seus papéis profissionais pouco desenvolvidos, uma vez que os limites entre o pessoal – referência aos filhos – e o profissional apresentam-se pouco claros, havendo mistura entre os papéis de mãe e de profissional. A participante 11 cita o lado pessoal, mas de forma adequada e equilibrada, o que demonstra a maturidade do seu papel profissional. A participante 19 escolheu dois objetos (carteira e *necessaire*) que, em seu interior, continham vários outros, mas que foram colocados fechados na escultura, o que não permitiu ao grupo conhecer realmente o papel da participante. Apresenta também contradição entre a escultura (objetos fechados e superpostos) e a fala (sente-se uma pessoa aberta).

Objetos como batom, escova de cabelo e perfume representam a feminilidade, o belo, a estética, quase sempre presentes na escultura de mulheres. Em particular num grupo composto apenas por mulheres, como foi o da pesquisa, esses objetos apareceram indicando a identidade do gênero feminino.

A totalidade das participantes denominou suas esculturas de forma positiva, indicando crescimento, futuro, ação, assunção da autoria do papel profissional e responsabilidade por seu desenvolvimento. Outro aspecto fundamental foi o clima de confiança estabelecido entre o grupo e a unidade funcional, o que permitiu desenvolver o trabalho com maior autenticidade e verdade. As explicações das esculturas emocionaram bastante as participantes, (algumas chegaram a chorar), emoção essa que transparece na avaliação de reação feita ao término do encontro.

O quarto encontro contribuiu para ampliar o processo de autoconhecimento e descoberta de sentimentos difíceis de lidar, como a competição. O grupo assumiu com seriedade a possibilidade de privatização da empresa, como se a notícia dada pelo diretor fosse verdadeira. E as alternativas de solução criadas pelo grupo foram bastante próximas da realidade e condizentes com a empregabilidade. O grupo que escolheu permanecer na empresa apresentou dificuldade em criar uma cena. Foi necessária intervenção do diretor, que percebeu que a dificuldade estava no sentimento de competição que tinha aflorado no grupo, mas que ainda não havia sido percebido pelos participantes, e o conseqüente reconhecimento de um sentimento socialmente criticado. Ao alterar a instrução para construção de imagem, o diretor propiciou ao

O TRABALHADOR NO MUNDO CONTEMPORÂNEO 97

grupo trabalhar com o nível simbólico da aprendizagem, uma vez que o conteúdo emergente referia-se a sentimento. Vale ressaltar a criatividade na construção da imagem. O outro grupo criou uma cena representando a busca de novo emprego por meio de vários caminhos, apresentando elementos como: utilização da *networking*, agência de empregos, jornal, internet, e situação de subemprego. As duas construções, cena e imagem, apresentaram vários elementos da contemporaneidade, empregabilidade, enfim do mundo do trabalho atual, desde a importância da rede de relações, educação permanente, competitividade, individualismo até a precarização do trabalho. Observamos também a ampliação do nível de autoconhecimento dos participantes, por meio do reconhecimento, de pontos fracos e fortes relativos ao seu papel profissional.

O quinto encontro teve como principal foco a ampliação da reflexão sobre os componentes do papel profissional e elementos de empregabilidade, visando propiciar novos momentos de reflexão, desenvolvimento do autoconhecimento e autopercepção dos participantes, assim como o aprendizado pela troca, pela experiência do outro, num exercício de alteridade.

O respeito permeou as relações quanto à forma de apresentação dos conteúdos e às dificuldades com as quais o grupo se deparou. As características mais comentadas foram a assertividade, a coragem, a autonomia, a competência, a flexibilidade, a maturidade, a disciplina e a atualidade. Após a exploração do material disponibilizado, aconteceram descobertas individuais e coletivas importantes para impulsionar o desenvolvimento do papel profissional. Observamos que os participantes compreenderam que, ao trabalharmos com a subjetividade, a obtenção de consenso no grupo é mais difícil, tornando-se importante refletir sobre as diferenças individuais e aprender com elas.

O último encontro buscou fazer uma retrospectiva de todo o processo e identificar o momento mais significativo do caminho percorrido pelo grupo. Cinqüenta por cento dos participantes escolheram a escultura do papel profissional realizada no terceiro encontro como o ponto mais significativo e relevante do processo de investigação. A escolha foi feita em função do autoconhecimento que propicia a cada um, muitas vezes revelando aspectos do profissional até então desconhecidos. Reconhecer os componentes do papel profissional por meio do desenvolvimento do autoconhecimento é fundamental para a autoconfiança e a auto-estima do indivíduo, em síntese, para a construção e manutenção da identidade do papel profissional.

Perceber que os componentes do papel profissional adaptam-se aos movimentos de mudança próprios da vida profissional e dão suporte ao participante no desempenho desse papel ao longo de toda a sua carreira aumenta a segurança e o sentimento de competência. Nesse encontro vale ressaltar ainda a riqueza do exercício de troca entre os participantes, o desenvolvimento da percepção sobre o outro, a criatividade mostrada na construção das imagens e a coragem para olhar a realidade e buscar alternativas de solução.

Aos dados analisados até essa etapa, resultantes do processo grupal, pode ser acrescentada a análise das informações obtidas pelas redações elaboradas pelos participantes, antes e depois do processo grupal. A primeira retrata como a pessoa se percebia ao iniciar o processo, e a segunda, o que percebeu como mudança no seu papel profissional, ao final deste. Esclarecemos que os itens das duas redações são os mesmos: "comente sobre o seu dia-a-dia de trabalho" e "relacione características e habilidades que você utiliza no desempenho do seu papel profissional hoje. Explique o porquê". O primeiro item visa contextualizar a participante em seu ambiente de trabalho, suas rotinas do dia-a-dia, fornecendo dados ao pesquisador para melhor compreender a realidade dele, bem como ter uma idéia do nível de percepção sobre sua função e decorrentes atribuições.

Consideramos importante também assinalar que cada redação foi escrita em situações diferentes. A primeira foi solicitada ao final da entrevista realizada com cada participante, devendo ser entregue ao pesquisador no início do primeiro encontro, o que possibilitou que fosse feita com tempo maior e mais elaborada. A segunda redação foi escrita em um momento específico do último encontro, com tempo delimitado. Acreditamos que esse fato explique, em parte, por que os participantes, em sua maioria, declara-

O TRABALHADOR NO MUNDO CONTEMPORÂNEO 99

ram que não houve alteração em seu dia-a-dia de trabalho; outras nem fazem referência ao item. Por motivos éticos, o diretor não forneceu aos participantes a primeira redação para servir de base para elaboração da segunda. Devemos acrescentar que o período de realização dos seis encontros foi relativamente curto (cerca de um mês e meio, totalizando uma carga horária de 18 horas) para propiciar mudanças na rotina de trabalho dos participantes.

O Quadro 3, a seguir, visa oferecer uma síntese das redações, no qual incluímos a função[2] de cada participante, por entendermos que auxilia na compreensão das redações.

QUADRO 3
Aspectos Relevantes das Redações

Participante	Função	Primeira Redação	Segunda Redação
1	Secretária	Percebe seu cotidiano de trabalho corrido, ultrapassando o horário estabelecido; declara que possui uma demanda alta, uma vez que atende os 65 empregados lotados no interior do estado e três chefias. Sente-se importante. Reconhece como habilidades no exercício profissional a intermediação de problemas em que os empregados precisam de esclarecimentos; ouvir problemas ocorridos com os empregados que se sentem esquecidos, mantendo-os informados; e oferecer atenção especial ao empregado, pois "personaliza o meu atendimento".	Não apresenta considerações sobre o cotidiano de trabalho e habilidades ou características necessárias ao desempenho do papel profissional. Avalia os encontros considerando que trouxeram "grandes resultados" na "valorização do meu papel profissional", permitindo perceber qualidades e características profissionais que a participante possui, podendo "tirar mais proveito delas". Considera ainda os encontros importantes porque permitiram "troca de experiências e desenvolvimento e conhecimento da minha criatividade". Sente mais estímulo para aprender novas coisas e "saio confiando mais no meu taco". Gostou de falar sobre honestidade e ética no papel profissional e percebe-se como cidadã.

---

2. O dado sobre a função consta do Quadro 1 (Capítulo 3).

Partici-pante	Função	Primeira Redação	Segunda Redação
2	Secretária	Declara que o tempo prolongado na empresa permitiu atuar em diversos segmentos, principalmente no administrativo, dando-lhe razoável conhecimento da área. Desenvolve atividades de secretaria e coordena treinamentos referentes à área de tratamento de dados. Cria textos para publicação interna. Percebe-se "sempre alerta e empenhada" em prestar assessoria às chefias da sua área sobre as normas da empresa. Gosta de desafios, prefere trabalhar em equipe por considerar mais produtivo e estimulante. Declara estar "sempre disposta a cooperar em um trabalho urgente".	O cotidiano de trabalho permanece igual. Considera importante a oportunidade de conhecer melhor as pessoas com quem trabalha ou se relaciona. Não faz comentários sobre as habilidades. Nos encontros foi despertada para uma possível mudança de emprego e que é importante ter objetivo e rumo.
3	Supervisor	Seu dia-a-dia é agitado uma vez que supervisiona uma equipe de 25 pessoas cujo trabalho é dar atendimento técnico aos clientes, o que é estressante. Necessita de muito equilíbrio emocional, pois precisa manter um bom relacionamento dentro da equipe. Preocupa-se também em manter bom relacionamento com os colegas de trabalho, em nível nacional, e com os fornecedores e clientes, que são os usuários dos serviços da empresa.	Não concluiu o processo.
4	Gestão Interna	Percebe-se confusa com a nova função – Gestão Interna – que assumiu há cinco meses; esbarra em "hierarquias e melindres". Mas procura aplicar todos os conhecimentos adquiridos ao longo de 21 anos de casa, de dedicação e empenho, e desempenhar seu papel profissional da melhor maneira possível, tentando descobrir o que engloba "Gestão Interna".	Ainda se percebe desmotivada e confusa em relação à nova função. Não faz referências às habilidades e características. Os encontros permitiram resgatar a auto-estima e se percebe disponível para "encarar de frente o novo desafio". Tomou consciência de seus valores e a retrospectiva profissional realizada durante o processo permitiu concluir que as oportunidades

O TRABALHADOR NO MUNDO CONTEMPORÂNEO 101

Participante	Função	Primeira Redação	Segunda Redação
4	Gestão Interna	Reconhece como habilidades e características o fato de estar sempre pronta para ajudar a quem necessita, aplicar os conhecimentos adquiridos, realizar o trabalho de forma clara e objetiva e organizar a tarefa de modo que possam ser feitas por outra pessoa.	que teve nos últimos 13 anos atestam sua competência.
5	Secretária	Seu cotidiano de trabalho compreende verificar a agenda do chefe, lembrando seus compromissos, providenciar ambientes e equipamentos para as reuniões, atender funcionários, otimizar serviços bancários e de recursos humanos. Para realizar suas atribuições, entende que necessita ser organizada, atualizada sobre as informações internas diversas de interesse dos empregados da área, ter boa apresentação, bom relacionamento e dar atendimento rápido tanto ao chefe como aos demais empregados.	Não mencionou o cotidiano de trabalho e declara que suas características e habilidades não mudaram. Segundo ela, está mais "atenta nas coisas que faço e soltou minha criatividade".
6	Secretária	Em seu cotidiano de trabalho verifica a agenda de reuniões; faz o acerto mensal do ponto dos funcionários do setor, faz solicitações de viagens, marcação de hotéis; inscreve funcionários em palestras, simpósios, cursos e solicita a respectiva verba; controla documentação recebida e enviada dentro dos setores; é responsável pela permanente atualização das informações internas referentes à empresa "para poder informar melhor os funcionários". Considera a discrição imprescindível ao desempenho da função; boa vontade no "atendimento dos funcionários e clientes externos"; e organização "para melhor atendimento e maior rapidez".	Declara que as tarefas continuam as mesmas. Não faz referência às habilidades e características, mas informa que está buscando facilitar o próprio trabalho ao melhorar a organização e buscar ajuda de outras pessoas para "sair do outro lado"; e está "cobrando mais cursos", como inglês. Declara que os encontros fizeram aumentar seu nível de questionamento sobre as características do papel profissional, o que pode fazer melhor, o que precisa mudar, se o que conhece é suficiente.

Participante	Função	Primeira Redação	Segunda Redação
7	Secretária	Declara que gosta muito do que faz no cotidiano de trabalho, o que "já cria uma grande satisfação". Como exerce uma atividade que envolve aspectos confidenciais, considera a discrição importante. Declara que traçou metas sobre como ser organizada em relação às gavetas, mesa, arquivos e agenda – "transmitem sensação de ordem e o trabalho flui melhor" – está tentando desenvolver a curiosidade, fazendo anotações e armazenando idéias, o que torna os problemas mais amenos e de solução mais fácil. Procura ser objetiva, ter bom senso, paciência e "até ser um pouco criativa". Procura manter tudo atualizado para facilitar rotinas; fazer os serviços com qualidade objetivando satisfazer os outros e a si própria; gosta de aprender sempre. Busca traçar metas para alcançar bons resultados no trabalho.	Não faz referência ao cotidiano de trabalho. Percebe que o crescimento, a aprendizagem e outras características necessitam do autoconhecimento para se desenvolver. Auto-estima elevada e muita percepção são fundamentais para o desempenho do papel profissional, além de propiciar valorização de si mesma e do que está em torno, "com idéias e ideais, claros e amplos".
8	Gestão Interna	Em seu cotidiano de trabalho cuida do treinamento, organizando pastas com os cursos feitos; atualiza o Sisted, que ajudou a implantar; cuida de toda a organização dos treinamentos dados com instrutoria interna e nos treinamentos externos faz contato com as entidades e cuida do pagamento. É representante da sua área no grupo de treinamento compartilhado. Auxilia líderes de cinco projetos a fazer o controle de ponto. Participa do Grupo de Qualidade, elaboração de campanhas e festas. Percebe-se prestativa, proativa e gosta de ajudar os outros. Considera seu "maior defeito não saber dizer 'não'". "Gosto de poder ajudar o próximo, desde que não haja abuso."	Faz referência ao cotidiano de trabalho, acrescentando que durante os encontros houve mudança na atitude porque demonstrou que o que está sob sua responsabilidade deve ser respeitado e que as pessoas devem confiar em suas decisões. Acrescenta que decidiu que ao receber uma tarefa só deve aceitá-la se sentir confiança para fazê-la, e "não aceitar apenas para satisfazer o outro".

O TRABALHADOR NO MUNDO CONTEMPORÂNEO   103

Participante	Função	Primeira Redação	Segunda Redação
9	Secretária	Considera o cotidiano de trabalho "rotineiro". Em primeiro lugar, abre a caixa de correspondência; verifica quem precisa de serviços bancários; atende o telefone; faz o fechamento do ponto dos funcionários da equipe; atualiza agenda de telefones, cargos e nomes dos clientes; providencia passagem para chefia imediata; recebimento e despacho de documentação da divisão. Percebe que tem facilidade de memorização, o que ajuda muito na rotina de trabalho; tem boa noção da estrutura da empresa, o que ajuda a lidar com a documentação; tem liberdade para priorizar as tarefas e total responsabilidade.	Não faz referência às tarefas do cotidiano nem detalha habilidades e características. Declara que "o que sente de diferente em mim como profissional é o valor do meu dia-a-dia". Percebeu que o valor de suas atividades é atribuído por ela mesma e que "se ele é rotina ou não, só depende de mim. O valor de minhas atividades sou eu mesma que atribuo".
10	Secretária	Diariamente despacha com o gerente; atende clientes internos e externos; controla e encaminha a documentação do departamento; organiza e controla a agenda do gerente; faz reservas em hotéis, de passagens e dá apoio logístico às visitas de representantes da diretoria na Regional São Paulo; atualização de cadastros, de instruções administrativas e demais tarefas inerentes à função. Percebe-se com iniciativa, dedicação, presteza, atenção e competência. Considera importante estar atualizada sobre as notícias referentes à empresa, além da busca contínua no aprimoramento e desenvolvimento profissional, "visando facilitar, agilizar e modernizar o cumprimento de minhas tarefas de maneira ágil, segura e eficiente".	Declara que o dia-a-dia profissional permanece inalterado e que além das habilidades descritas na primeira redação, percebe-se agora mais criativa e com a "mente oxigenada". Notou também "um sensível crescimento em visão global do ponto de vista profissional". Está questionando certas rotinas e comportamentos que precisa mudar para "não ficar estagnada". No decorrer dos encontros, entendeu que as mudanças ocorrem permanentemente e que é necessário acompanhar a evolução, entendeu também que a realidade mostra-se mais dura e que é preciso desenvolver mais o papel profissional. Declara que percebeu "características profissionais que jamais tinha identificado". Sente-se mais enriquecida e consciente do próprio papel profissional e do mundo globalizado, em especial a competição.

104   LUCIA ALMEIDA

Partici-pante	Função	Primeira Redação	Segunda Redação
11	Secretária	Considera o cotidiano de trabalho "agitado e gostoso" e declara que possui o "domínio quase total das minhas atividades", o que lhe confere tranqüilidade. Percebe-se bastante responsável e por isso conquistou sempre a confiança das chefias com as quais trabalhou, ajudando-as a tomar decisões e resolver problemas. Percebe ainda que possui habilidade para lidar com as pessoas, apresentando clareza ao transmitir mensagens.	Declara que o cotidiano de trabalho não mudou muito "em termos práticos (de rotina)", mas que foi "sacudida" pelo processo "e isso me obriga a tomar mais atitudes". Isso a tem levado a pensar muito, principalmente no futuro, o que "já é um bom começo".
12	Gestão de Serviços	No cotidiano de trabalho, a participante planeja e controla a infra-estrutura de apoio gerencial; redige textos administrativos, relatórios, atas; utiliza ferramentas e *software* disponíveis na empresa; trata com agilidade o trâmite de documentos internos e externos; acompanha e controla prazos de documentos recebidos e expedidos, bem como cobra soluções; atualiza o arquivo de documentos da área; controla estoque de material de apoio; solicita ticket hora-extra; confecciona cartões para aniversariantes; programa férias; controla a freqüência diária dos empregados da área; atendimento telefônico. Destaca as seguintes características: iniciativa, porque "sou capaz de propor ou agir de acordo com situações que aparecem"; criatividade, porque "sou capaz de bolar coisas novas, modificar, criar etc."; organização, porque "a minha função exige, mas nem sempre consigo"; e responsabilidade, "porque faz parte da minha natureza e porque a função exige".	Declara que a rotina de trabalho não mudou, mas "ela sim". Repensou algumas questões suscitadas pela "modernidade" como a importância de estreitar e manter relações e de que forma a troca entre as pessoas é enriquecedora. Percebeu que deve dar mais atenção às mudanças externas; "não estamos protegidas aqui dentro e partindo daí, não se acomodar jamais".

O TRABALHADOR NO MUNDO CONTEMPORÂNEO 105

Partici-pante	Função	Primeira Redação	Segunda Redação
13	Compra-dora (Área de Licitações)	Em virtude de sua função entra em contato quase diário com fornecedores externos e clientes internos, fazendo cotação de preços, licitações etc. O setor em que trabalha é responsável pela compra de todos os tipos de material e contratação de todos os tipos de serviços. Trabalha de acordo com a Lei nº 8666 e sempre que possível discute suas alterações. Percebe-se como uma pessoa aberta para "estar sempre passando tudo que sei", e por isso é procurada por colegas que pedem ajuda, e nesse movimento diz que aprende muito. "Quando tenho alguma idéia, procuro passá-la com jeito para o grupo e quando percebem já estão executando." Procura reunir o grupo "para quebrar a monotonia das máquinas 'notes', pois existem dias que não ouvimos sequer um a voz do outro". Busca envolver a equipe para "ativar novas idéias, troca de conhecimentos e experiências".	Não faz referência ao cotidiano de trabalho, nem às habilidades e características. Percebeu que a empresa necessita de mais cursos voltados ao desenvolvimento profissional, a fim de trabalhar auto-estima, criatividade, tolerância, pois quando o grupo está bem "as coisas andam melhor e o resultado sai mais rápido e, com uma qualidade, às vezes, além do esperado".
14	Secretária	Começa o dia de trabalho ligando o computador; verifica as notas do "notes" e agenda os mais importantes para a chefia; atende telefone; agenda reuniões; controla o ponto; férias. Não faz referência às características e habilidades utilizadas no desempenho do papel profissional.	Declara que a rotina de trabalho não mudou. Nos encontros aprendeu a se valorizar mais, a ver importância da discrição, e "aprendi também o valor da palavra *competência* (grifo do autor), que é a base de tudo".
15	Programadora	Declara que utiliza raciocínio lógico e atenção no desenvolvimento de programas, visando evitar dispersões de raciocínio. Nota que é importante "saber explicar as coisas de maneira simples", ter objetividade e coerência, saber discutir para	Não faz referência ao cotidiano de trabalho. Percebe-se mais motivada a trabalhar e com mais auto-confiança. Refletir sobre o futuro levou à melhor compreensão do presente, a ser mais autônoma e decidir melhor. Tem buscado dialogar mais com os colegas.

106   LUCIA ALMEIDA

Partici-pante	Função	Primeira Redação	Segunda Redação
15	Programadora	desenvolver trabalhos em equipe, seja repassando ou agregando conhecimentos. Percebe que gosta de pesquisar e de desafios buscando melhorar o que existe, de criar novos produtos e aprender com os existentes.	.
16	Secretária	Não entregou.	Não concluiu o processo.
17	Secretária	Para o cotidiano de trabalho considera importante saber as rotinas administrativas e largo conhecimento das atribuições dos vários segmentos da empresa. É importante também saber "separar de fato o urgente do extremamente necessário e não se prender a detalhes, sempre cumprindo as normas definidas pela empresa". Procura resolver os problemas de forma mais independente possível para liberar os superiores para questões técnicas. Está atenta às determinações internas da empresa para divulgá-las aos empregados da área.	Declara que o cotidiano não mudou. Nos encontros percebeu que trabalhar em equipe é muito mais produtivo que o isolamento. É importante estar bem consigo mesma (auto-estima) para "encarar melhor os desafios do dia-a-dia".
18	Gestão Interna e Secretaria	O cotidiano começa com os retornos do dia anterior e as prioridades. Declara que trabalha com atendimento personalizado tanto com clientes externos quanto internos; organiza eventos da área, como *workshops*, palestras e cursos. Sente falta de cursos de atualização técnica, inglês e reciclagem da função. Não faz referência às características e habilidades utilizadas no desempenho profissional.	Não faz referência ao cotidiano de trabalho. Percebe-se mais dinâmica e perfeccionista. Após o segundo encontro, passou a respeitar mais os colegas de trabalho no que tange às diferenças de ritmo das pessoas. Percebe-se segura, dinâmica, flexível, criativa e com bom humor no desempenho do papel profissional.
19	Programadora	No cotidiano de trabalho utiliza a organização para priorizar as demandas, pois "como tudo aqui é sempre para ontem, se não houver organização, prazos não serão cumpridos". Além de	Não faz referência ao cotidiano de trabalho. Percebeu que precisa agir mais e falar menos, ou seja, atualizar-se, fazendo mais cursos, lendo muito mais e sobre todos os

O TRABALHADOR NO MUNDO CONTEMPORÂNEO — 107

Participante	Função	Primeira Redação	Segunda Redação
19	Programadora	organizada, percebe-se também dinâmica e comunicativa, o que faz com que seja sempre lembrada. Gosta de participar do grupo de qualidade de sua área e de organizar festas de confraternização.	assuntos – "não podemos nos acomodar". "Me dê licença, por favor, que eu quero passar."
20	Comunicação Social	Declara que possui uma atividade diária de coleta de notícias sobre vários assuntos que sejam de interesse do corpo funcional e gerencial da empresa. Esse trabalho é feito em equipe, o que exige sintonia no grupo e sensibilidade para "sacar" o que é importante para todos. "O restante do dia é preenchido com atividades de comunicação (regional ou institucional) com eventos que fazem parte do Calendário Anual das Atividades de Comunicação". Para outros trabalhos reconhece que precisa ter flexibilidade, relacionamento amigável e assimilação rápida das demandas. Precisa estar atualizada com a língua portuguesa, conhecer "palavras da moda" e linguagem de informática. Precisa ser detalhista, conseguir trabalhar sob pressão e "sair do outro lado". Em alguns casos pode "ousar".	Declara que o dia de trabalho continua a ter o mesmo ritmo. Após os encontros percebe que desenvolveu a intuição para lidar com os companheiros de trabalho, tendo um olhar mais atento, o que permite um melhor desempenho conjunto.

O cotejamento das duas redações de cada participante permitiu analisar as percepções de cada um antes de o processo de investigação ocorrer, e ao final deste, destacando a diferença processual percebida pelas pessoas, relatada nas redações, assinalando o que foi mais significativo para cada uma delas e respeitando-se o momento profissional de cada uma.

A seguir, procuramos fazer uma breve análise das duas redações por meio de comparação de seus conteúdos e levando em conta os itens solicitados pelo pesquisador.

108 LUCIA ALMEIDA

A segunda redação da participante 1 caracteriza-se como uma avaliação dos encontros e não atende à instrução que lhe foi proposta, apresentando uma estrutura diferente da redação 1. Na primeira redação, reconhece algumas habilidades necessárias ao seu exercício profissional que se configuram como componentes e sua profissão: intermediar problemas, ouvir os empregados, fornecer informações e dar atenção aos empregados. As demandas do cotidiano exigem dedicação e esforço, que são vivenciados de maneira positiva, pois a leva a sentir-se importante. Os resultados dos encontros apresentados pela participante 1, na segunda redação, assinalam a valorização do papel profissional, a ampliação da autopercepção e da autoconfiança e o estímulo para continuar aprendendo. Ela se refere ao desenvolvimento de sua criatividade. A segunda redação não oferece elementos que assinalem outras percepções sobre habilidades e características do papel profissional, existindo apenas a menção ao fato de "enxergar qualidades/ características profissionais que carrego durante a minha vida".

Na primeira redação a participante 2 aponta algumas características e habilidades necessárias ao desempenho profissional que fazem parte dos componentes da sua profissão: estar alerta e empenhada, assessorar as chefias, cumprir normas, enfrentar desafios, trabalhar em equipe. Abre mão de compromissos pessoais para cooperar com os colegas de trabalho em situações de urgência. Como resultado mais importante dos encontros, assinala a oportunidade de conhecer um pouco mais as pessoas com quem trabalha e se relaciona na empresa. Foi também despertada para uma possível mudança de emprego, mas não faz referência a si mesma. A participante não forneceu dados suficientes para a análise.

A participante 3 não concluiu o processo, o que não nos permite fazer a análise proposta.

As duas redações da participante 4 falam de sua desmotivação quanto à nova função. Na primeira explica rapidamente como está se sentindo – "há dias que parecem eternos" – e o esforço para conseguir desempenhar a nova função. Reconhece algumas características e habilidades necessárias ao exercício profissional: pronta para ajudar, aplicar conhecimentos, ser clara e objetiva, organizar o trabalho de modo que possa ser continuado por outra pessoa. A segunda redação relata como resultado dos encontros a

O TRABALHADOR NO MUNDO CONTEMPORÂNEO 109

ampliação da auto-estima, valorização profissional, consciência dos próprios valores e confirmação da competência profissional com base na retrospectiva histórica realizada. Apesar da permanência da desmotivação, encontrou recursos internos que podem fortalecer a participante na busca de alternativas para o desempenho da nova função.

A primeira redação da participante 5 contém detalhado relato das tarefas rotineiras e o reconhecimento de características e habilidades que utiliza no trabalho: atendimento rápido, boa apresentação e bom relacionamento. Declara na segunda redação que não houve mudança nas características e habilidades componentes do seu papel profissional. Reconhece que está mais atenta e a criatividade mais solta.

A participante 6, elenca, na primeira redação, atividades do cotidiano e reconhece algumas características e habilidades necessárias ao desempenho do papel profissional: discrição, boa vontade e organização. Na segunda, declara que as tarefas não mudaram. Relata mudanças de atitude visando facilitar o próprio trabalho, solicitação de ajuda a outros colegas, solicitação de oportunidades de aprendizado, como inglês, e maior questionamento sobre o que pode mudar e melhorar em relação ao desempenho do papel profissional, indicando preocupação com o próprio desempenho profissional e aumento do processo de reflexão, não fazendo referência a outras percepções sobre características e habilidades do papel profissional.

Na primeira redação, a participante 7 declara que está gostando do que faz, o que é fonte de satisfação. Procura ser o mais discreta possível, já que exerce uma atividade que envolve aspectos confidenciais. Relata as metas que traçou para si mesma: ser organizada, desenvolver a curiosidade, ter bom senso, paciência, ser objetiva, ser um pouco criativa, estar atualizada, ter qualidade, aprender sempre. Na segunda redação relaciona as metas elencadas na primeira: organização, crescimento, aprendizagem, com o desenvolvimento do autoconhecimento, elevação da auto-estima, muita percepção e valorização de si mesmo e do seu entorno.

A primeira redação da participante 8 está voltada para a descrição de atividades do cotidiano, dos grupos de que participa como representante de sua área, ressaltando como característica do desempenho profissional o fato de ser prestativa, de gostar de ajudar os outros, porém reconhecendo a dificuldade em não saber dizer "não". Ela vincula a segunda redação à primeira no que tange à descrição de sua atividade, acrescentando que no decorrer dos encontros percebeu mudanças em sua atitude, pois passou a demonstrar que quer ser respeitada e que confiem em suas decisões. Decidiu também que só deve aceitar uma tarefa quando se sentir suficientemente segura para fazê-la, e não apenas para satisfazer a vontade alheia. Essa nova atitude indica desenvolvimento do autoconhecimento, autopercepção, respeito próprio e autoconfiança.

A participante 9 descreve detalhadamente suas atividades na primeira redação, classificando-as como rotineiras. Faz referência a sua facilidade em memorizar, o que ajuda no cotidiano de trabalho, e à liberdade que possui para priorizar suas tarefas, o que indica responsabilidade. A segunda redação assinala o que mudou em sua percepção sobre o desempenho profissional, reavaliando o valor do seu dia-a-dia, que a característica de rotineiro é atribuída pela própria participante, e que esse enfoque só depende de sua própria mudança. Não acrescenta novos elementos que indiquem outras percepções sobre características e habilidades do papel profissional.

A participante 10 descreve na primeira redação as tarefas que executa diariamente e relaciona as habilidades e características necessárias para o desempenho profissional: iniciativa, dedicação, presteza, atenção, competência, atualização, aprimoramento e desenvolvimento profissional, visando ser ágil, segura e eficiente no cumprimento das tarefas cotidianas. Na segunda redação declara que o seu dia-a-dia permanece inalterado e que, além das habilidades já descritas na primeira redação, ampliou sua percepção como resultado dos encontros. Percebe-se mais criativa, com a mente "oxigenada". Nota também que as mudanças ocorrem permanentemente e que há necessidade de acompanhá-las, sentindo "um sensível crescimento em visão global do ponto de vista profissional". Está questionando algumas rotinas e comportamentos que possui no dia-a-dia, que pretende modificar, a fim de poder acompanhar a evolução da realidade, uma vez que percebeu essa realidade mais dura. Ampliou a autopercepção quando da realiza-

O TRABALHADOR NO MUNDO CONTEMPORÂNEO   111

ção do jogo da escultura do papel profissional, identificando características e habilidades profissionais que nunca havia percebido. Sente-se mais enriquecida e consciente do papel profissional e do mundo globalizado, em particular da competitividade.

A participante 11 considera, na primeira redação, seu cotidiano de trabalho "agitado e gostoso". Reconhece que tem o domínio quase total das atividades, o que lhe confere tranqüilidade. Percebe-se responsável, o que cria confiança nas chefias com as quais trabalha. Percebe ainda que tem habilidade para lidar com pessoas, apresentando facilidade de comunicação. Na segunda redação declara que o dia-a-dia de trabalho não mudou. O que mudou foi a vontade de questionar e refletir – diz que foi "sacudida" – o que leva à tomada de atitudes, em especial quanto ao futuro. Não faz referência à percepção de outras características e habilidades componentes do papel profissional.

Na primeira redação, a participante 12 descreve uma série de atividades referentes à sua função no cotidiano de trabalho. Para desempenhá-la, destaca características e habilidades: iniciativa, criatividade, organização e responsabilidade. Na segunda redação afirma que sua rotina de trabalho não mudou, mas que ela mudou. Repensou principalmente o distanciamento entre as pessoas, conseqüência da modernidade, e a importância de manter relações no dia-a-dia, assim como a troca que é enriquecedora. Percebe que o fato de estar empregada não a protege, o que implica "não se acomodar jamais". Apesar de não conter elementos que assinalem outras percepções sobre os componentes do papel profissional, indica o despertar para a realidade contemporânea, a consciência da mudança permanente, assinalando ampliação de percepção global da realidade.

A participante 13 comenta na primeira redação o cotidiano de trabalho não rotineiro, a relação diária com fornecedores e clientes. Percebe-se uma pessoa aberta que ensina o que sabe aos colegas de trabalho e sua maneira de procurar influenciar as pessoas da equipe, visando troca de experiência e conhecimentos. Na segunda redação mantém o foco no grupo, não em si mesma, só que amplia o foco para o grupo da empresa que necessita de mais cursos de desenvolvimento profissional, a fim de trabalhar a auto-estima, a criatividade e a tolerância. Acredita que quando o

112 LUCIA ALMEIDA

grupo está bem, apresenta resultados além da expectativa. Na primeira redação fala pouco de si mesma, das características e habilidades componentes do papel profissional, e na segunda não existe nenhuma referência a esse tema.

A primeira redação da participante 14 apresenta descrição do seu dia de trabalho, não fornecendo elementos relativos ao papel profissional. Na segunda redação, afirma que nada mudou em seu cotidiano. Como resultado dos encontros assinala que aprendeu a se valorizar mais, a valorizar a discrição e "o valor da palavra competência" que entende ser a base de tudo.

A participante 15 descreve na primeira redação características e habilidades de forma intimamente relacionada às suas atividades: utilização de raciocínio lógico e atenção para desenvolvimento de programas; ser objetiva, coerente e simples na forma de explicar; saber discutir para desenvolver trabalhos em equipe. Gosta de desafios, criar novos produtos e aprender com os já existentes. Na segunda, mantém a mesma estrutura, relacionando habilidades e atividades: dialogar mais com os colegas; buscar maior autonomia; decidir melhor. Está se sentindo mais motivada para trabalhar e com mais autoconfiança. A reflexão sobre o futuro está ajudando a entender melhor o presente.

A participante 16 não entregou nenhuma das duas redações.

A participante 17 relata na primeira redação os cuidados que tem com o que considera importante em sua função: conhecer rotinas administrativas, conhecer os principais segmentos da empresa, cumprir normas, estar atualizada sobre determinações da empresa para divulgá-las ao grupo. Na segunda redação declara que o cotidiano não mudou. Como resultado dos encontros, assinala a percepção de que trabalhar em grupo é mais produtivo. Percebe a importância da auto-estima para estar bem consigo mesma e poder "encarar melhor os desafios do dia-a-dia".

A participante 18 relata na primeira redação seu cotidiano de trabalho e relaciona os cursos de que sente falta. Não faz referência às características e habilidades que utiliza no desempenho de sua função. Na segunda redação diz que é segura, dinâmica, flexível, bem-humorada e criativa, características que são componentes do seu papel profissional. Percebe-se, após os encontros, mais

O TRABALHADOR NO MUNDO CONTEMPORÂNEO   113

dinâmica e perfeccionista. Passou também a respeitar as diferenças de ritmo entre as pessoas.

A participante 19 percebe-se organizada na primeira redação, comunicativa e dinâmica como características importantes para o desempenho da função de programadora. Na redação 2 indica, como resultado dos encontros, que "precisa agir mais e falar menos". Percebe a necessidade de atualização por meio de cursos e leituras sobre tudo e a consciência da necessidade de não-acomodação.

A participante 20 relata na primeira redação atividades e características profissionais de forma intimamente relacionada, uma vez que, dependendo da atividade que está realizando, esta ou aquela característica é mais necessária para o desempenho da função. Para a tarefa diária de divulgação de notícias de interesse dos empregados necessita conhecer bem a estrutura organizacional, o negócio da empresa, ser rápida na coleta de dados e ter sensibilidade para fazer a escolha. Outras atividades da comunicação social implicam ser flexível, saber estabelecer prioridades, ter relacionamento amigável, capacidade de assimilação rápida, conhecer a língua portuguesa, linguagem de informática, ser detalhista, trabalhar sob pressão e alcançar resultado. Na segunda redação diz que seu cotidiano apresenta o mesmo ritmo. Como resultado dos encontros, percebe que desenvolveu a intuição para lidar com os companheiros de trabalho, passando a ter um olhar mais atento e buscando alcançar resultados que apresentem melhor desempenho conjunto.

O cotejamento das redações indica aumento da clareza dos componentes do papel profissional, a sua utilização no dia-a-dia de trabalho, e ampliação na percepção dos participantes a respeito de algumas dimensões do papel profissional. Essa ampliação na percepção modifica e melhora o desempenho do papel profissional, uma vez que impulsiona a auto-estima e a autoconfiança das pessoas, possibilitando a reconstrução da identidade profissional. Os participantes declaram que entendem que o desenvolvimento do papel é processual e que podem assumir essa tarefa, mas a base foi construída individual e coletivamente por meio do processo vivenciado pelo grupo.

Outra ordem de dados foi obtida pela entrevista individual, mencionada no capítulo sobre metodologia. O quadro a seguir apresenta a síntese das informações oferecidas pelos participantes ao pesquisador, levando em conta as três categorias estabelecidas: a motivação para participar do processo de investigação, as expectativas em relação ao processo, e a percepção de cada um sobre a empresa.

QUADRO 4
Síntese das Entrevistas Individuais

Participante	Categoria de Análise	Interpretação dos Dados
1	Motivação	Apesar de ter sido indicação da chefia, "ia ficar muito brava se não viesse porque gosta mais de cursos comportamentais" do que dos técnicos, pois acha que aplica 100% na vida pessoal e profissional. Mais do que os cursos de informática.
	Expectativas em relação ao processo	Espera "saber exatamente qual é o seu papel profissional", e não só de secretária. Percebe que possui um papel na divisão em que trabalha, uma vez que atende 80 empregados, e não só a chefia. Procura manter todos os empregados da divisão informados sobre FGTS, acordos coletivos, por meio de revistas, artigos, e.mails, uma vez que vários estão distantes. Percebe que tem também uma função social, preocupação com o grupo e não só com uma pessoa, o chefe.
	Percepção sobre a empresa	Percebe-se mais útil nos últimos cinco anos de trabalho em razão da quantidade de pessoas que atende. Sente medo também porque o fantasma do "enxugamento" não desapareceu. Outro aspecto que a preocupa é o desaprender, por exemplo, redação, pois hoje a correspondência é toda eletrônica e o número de ofícios diminuiu muito.
2	Motivação	Acredita que "vai enriquecer um pouquinho", e como se trata de desenvolvimento profissional, temas como criatividade, inovação, trabalho em equipe chamaram a atenção – "é sempre bom estar buscando isto".
	Expectativas	Não tem muita clareza, mas imagina que haja um pouco de dinâmica de grupo e atividades voltadas para a percepção de sentimentos, criatividade dentro do grupo etc.

O TRABALHADOR NO MUNDO CONTEMPORÂNEO   115

Participante	Categoria de Análise	Interpretação dos Dados
	Percepção	Percebe como positiva a criação das unidades de gestão porque cada uma passou a ser uma empresa e a se preocupar com os seus recursos humanos, a demonstrar o potencial das pessoas, mas gerou desigualdades em algumas decisões, como folga na semana de Natal. E quando o salário está ruim, essas diferenças "machucam" mais e geram conflitos, mas sabe que o assunto salário não tem solução por causa do regimento interno de RH. Na área em que trabalha sente-se bem, acreditada e confiante. Percebe que o trabalho é importante e contribui, e quando se tem essa percepção não importa em que área está trabalhando.
3	Motivação	Apesar da idade, ultimamente tem tido interesse muito grande em aprender e adquirir novos conhecimentos para compartilhar com as pessoas que não os têm.
	Expectativas	Imagina que deve haver "muitas dinâmicas[...] e trazer novas atitudes, novas formas" para melhoria da qualidade do papel profissional e atuação na própria equipe e na empresa.
	Percepção	Percebe que a empresa, hoje, exige profissionalismo, mas não dá retorno econômico-financeiro, nem perspectiva de crescimento. O atual regimento de RH não abre nenhum horizonte. A única satisfação é estar sempre aprendendo, lendo, trocando idéias e compartilhando o que aprende com os outros, além de saber que sua função tem utilidade para os demais. O desafio que tem está no interesse de crescer e aprender sempre, mesmo quando não precisa do conhecimento para a função que exerce.
4	Motivação	Apresenta interesse e sabe qual é o tema proposto – desenvolvimento do papel profissional –, englobando criatividade e agilidade nas respostas. Apresenta vontade em aprender algo novo e curiosidade.
	Expectativas	Não tem clareza a respeito das expectativas, mas imagina que, por conhecer o perfil da responsável pelo curso, "vai ter muito trabalho prático [...] e ver a criatividade de cada um". Percebe a atividade como "desenvolvimento da pessoa" para o mercado de trabalho hoje. Não será um curso para secretárias, conforme haviam solicitado, mas imagina que vai ser mais amplo, sugerindo que depois seja ministrado para as chefias.

Participante	Categoria de Análise	Interpretação dos Dados
	Percepção	Considera "muito difícil" trabalhar na empresa hoje. Para quem tem 20 anos de casa é "muito complicado". A imagem externa da empresa diante da sociedade está muito comprometida por escândalos e erros. "Antigamente tínhamos orgulho de trabalhar aqui e hoje perdeu aquela importância perante todos os cidadãos." Hoje está muito difícil, os empregados "não vestem mais a camisa". Estão descontentes por causa do salário, com a chefia, com a mudança no plano de saúde. Percebe a empresa se reduzindo, talvez seja privatizada. E fica muito triste com todo esse quadro, mas confia na própria bagagem e experiência profissional, portanto não se sente insegura se tiver que trabalhar em outro lugar.
5	Motivação	Não escolheu fazer o curso; foi indicada por outra pessoa. Não se sente obrigada a participar, sentindo-se curiosa.
	Expectativas	Não tem claro o que espera, "Não tenho uma resposta rápida porque tenho um raciocínio meio lento". "Acha ótimo desenvolver" e está curiosa e disposta a aprender.
	Percepção	Sente-se meio insegura e não está satisfeita com a função porque secretária "é sempre a mesma coisa". Gostaria de ir para a área técnica, mas acha difícil. Aceitou para garantir o emprego porque só faltam três anos para se aposentar. E tem procurado aprender tudo o que pode – "absorver o máximo" – porque sabe que depois que sair será mais difícil.
6	Motivação	Sente necessidade de reciclagem e de atualização, pois há anos que a área de secretária não tem nenhum tipo de desenvolvimento, e apesar de saber que não é dirigido à secretaria, continua interessada.
	Expectativas	Espera uma atualização profissional, "vai estar trabalhando a gente como pessoa, [...] a pessoa dentro da empresa" e como lidar com as mudanças, que têm sido muito rápidas. Atualmente se relaciona com vários parceiros da empresa, para os mais diversos assuntos e resolvem tudo. Percebe que é importante aprender a lidar com essas mudanças e com a internet.

O TRABALHADOR NO MUNDO CONTEMPORÂNEO 117

Participante	Categoria de Análise	Interpretação dos Dados
	Percepção	Gosta da área em que trabalha porque não é um "enfeite". Participa de várias atividades e tem assuntos para resolver. Acha que tem que estar preparada para mudar de área, se for o caso, e sem sofrimento. Para isso, procurar aprender e estar sempre melhor, e isso não se aplica só ao profissional, mas em "tudo na vida".
7	Motivação	Percebe que tem que estar sempre se renovando, "sempre aprendendo no dia-a-dia". Tem que acompanhar o ritmo da tecnologia que é muito acelerado e "se a gente não tiver uma boa estrutura não vai conseguir acompanhar". Percebe que precisa se renovar e aprender sempre e o que deixa de aprender representa um "atraso".
	Expectativas	Não sabe, caiu de "pára-quedas, [...] mas algum proveito a gente tira com certeza". Não possui nenhuma experiência anterior com atividade comportamental, mas acha que é importante; "gostaria de fazer para ver".
	Percepção	Após 19 anos de casa, "vestiu a camisa", e apesar de faltar cinco anos para a aposentadoria, não percebe como "reta final". Entende que trabalhar na empresa é um desafio constante, principalmente por causa do ritmo de evolução da tecnologia. "Quero ainda fazer muita coisa e aprender muita coisa".
8	Motivação	Deseja trocar experiências com os outros participantes, adquirir novas experiências, pois faz muito tempo que não participa de nenhum curso.
	Expectativas	Não tem clareza em relação ao que espera. De certa forma retomou a motivação em relação à troca de experiências.
	Percepção	Percebe a área em que atua atualmente como o "paraíso" quando comparada ao tempo da produção. Trabalha na parte administrativa e realiza contatos, que é o que mais gosta de fazer. O desafio é melhorar sempre, segundo diz a chefe.
9	Motivação	Foi indicada pela Mary, mas se interessou pela questão do desenvolvimento profissional, ver coisas novas e aprender.

Participante	Categoria de Análise	Interpretação dos Dados
	Expectativas	Vai funcionar como um "empurrãozinho" para melhorar o ânimo, buscar um estado de espírito melhor para o seu trabalho, [...] é aprender para mudar. Acha que "vai buscar a pessoa, [...] o que você faz, como age, como pensa, como responde às situações, é muito particular. [...] O desenvolvimento profissional é um todo", não basta ter diploma.
	Percepção	Percebe trabalhar na empresa como "bom e ruim" ao mesmo tempo. Bom porque está empregada e o dia-a-dia faz com que se sinta "viva". Ruim porque não se identifica com a atual função. Considera-se tímida, envergonhada, mas busca se superar. Ainda não pode escolher uma profissão por motivos financeiros. "Ainda não me encontrei", mas também percebe-se preguiçosa para estudar e tentar um concurso público.
10	Motivação	Atualização, renovação e enriquecimento pessoal. Não se sente obrigada a participar do processo.
	Expectativas	Pouca clareza em relação ao processo do grupo. Relaciona com RH e acredita que não será um curso com atitude passiva dos participantes. Percebe a participação de outras pessoas do grupo como importante para integração e maior conhecimento uns dos outros. Acredita que pessoas que trabalham juntas por muito tempo podem se conhecer pouco. Espera aprimoramento e inovação.
	Percepção	Gosta da empresa e das pessoas, percebendo-a como uma "grande família" em que as pessoas "vestem a camisa". Percebe uma "alta cúpula" que não se preocupa muito com salários. Recebe outras coisas, como informações, acesso à internet. [...] Sente orgulho da empresa que reconhece como atualizada e inovadora e diz que trabalha com prazer. Ouve há 15 anos que a empresa vai acabar ou reduzir sua importância. Percebe a empresa acompanhando a globalização, buscando o prêmio de qualidade como uma organização de futuro, mas que depende de um Conselho Diretor e é marcada por cargos políticos que personalizam a administração, modificando regras e condições de trabalho. Acredita nas chances da empresa por ser uma das pioneiras em *web* e ter um dos maiores bancos de dados do país.

O TRABALHADOR NO MUNDO CONTEMPORÂNEO 119

Participante	Categoria de Análise	Interpretação dos Dados
11	Motivação	Quis participar desde o início, mas não havia vaga, pois a prioridade era para quem não tivesse nenhuma experiência nesse tipo de curso. Como houve uma desistência conseguiu autorização da chefia. Entende esse tipo de atividade como chance de crescimento e de aprendizagem, uma vez que as oportunidades são muito poucas.
	Expectativas	Imagina a possibilidade de troca de experiências, conhecer formas diferentes de fazer as coisas, mais eficazes e melhores. Não ficar bitolada e também "passar alguma coisa para os outros. [...] A troca é muito importante".
	Percepção	Percebe que trabalhar na empresa é "muito gratificante e muito angustiante ao mesmo tempo". Angustiante por todas as perdas que vêm ocorrendo, principalmente benefícios. Mas o ambiente é muito bom, e ainda tem orgulho em trabalhar na empresa. Sair é "uma decisão muito difícil", não só no que diz respeito ao material, mas ao afetivo. Ainda tem esperança que algumas coisas sejam revertidas e a empresa retorne ao que era. Considera que "pequenas oportunidades como esta, [...] é algum conforto, alguma coisa que te acolhe e abraça".
12	Motivação	Aproveitar todas as oportunidades de aprender coisas novas, que motivem, uma vez que as oportunidades são poucas. "Desenvolvimento do papel profissional é alguma coisa que me interessa."
	Expectativas	Tem expectativas claras e imagina que "seja passado um cenário do que está acontecendo aí fora e um posicionamento nosso dentro desse contexto todo". Percebe como uma forma de aprimorar aspectos de interesse comum.
	Percepção	Ao participar do desenvolvimento de um projeto em uma função mais técnica, com analistas de alto nível da empresa e o próprio chefe, sentiu-se motivada e valorizada – "foi muito gratificante". Como o projeto sofreu uma mudança de local físico, não pôde acompanhar e precisou mudar de área de lotação, voltando para a função de secretária. A nova chefia não apresenta a mesma liderança com a qual estava acostumada, nem o mesmo posicionamento diário das coisas, fatos que geraram desmotivação. "Não estou no melhor momento." Apesar de considerar que na empresa tudo é meio incerto, acha que a área na qual trabalha "tem futuro".

Participante	Categoria de Análise	Interpretação dos Dados
13	Motivação	Deseja buscar coisas novas sempre para si mesma e para repassar, pois a desmotivação das pessoas é grande. Entende que sempre se aprende com os outros, em trabalhos de grupo como este.
	Expectativas	Foi inscrita por um superior e avisada sobre a entrevista. Sente-se um pouco perdida. Imagina um curso sobre auto-estima, criatividade e trabalho em grupo, o que no dia-a-dia é sempre complicado, precisa ter jogo de cintura. Tenta motivar as pessoas por meio do trabalho em grupo, apesar da desesperança que existe na empresa.
	Percepção	Gosta de trabalhar na empresa, mas percebe que mudou muito. A utilização da internet, comunicação via e-mail, fez desaparecer o lado humano das relações. Hoje, cada um realiza o seu trabalho, às vezes não fala nada o dia inteiro. Existe certa indiferença, as pessoas estão mecanizadas, frias, "só falam o básico", sem sentimento, estão se automatizando, inclusive ela. "Não sou mais eu, você vai se perdendo mesmo e o ritmo da cidade está muito rápido."
14	Motivação	Percebe a atividade proposta como um curso para ter mais conhecimentos. Depois que passou para a área administrativa, teve contato com coisas que não conhecia. Atuou antes como secretária, não tendo feito curso e aprendendo "na marra" com colegas do próprio serviço.
	Expectativas	Não tem expectativa clara. Acredita que vai existir teoria e depois um grupo para ver como "o pessoal está se saindo".
	Percepção	Não percebe mudanças na empresa, mas nota que trabalhar é como um desafio que não entende direito. Percebe a empresa perdendo serviço e correndo o risco de fechar e se sente insegura. O serviço foi passado para "prestadoras" que tornam a "mão-de-obra" "mais barata".
15	Motivação	Entende como "superimportante o trabalho em equipe, saber interagir com as pessoas, às vezes as pessoas são muito individualistas". Este é um aspecto que precisa ser bastante melhorado.
	Expectativas	Imagina que serão dadas informações sobre como trabalhar em equipe e transmitir aos companheiros. Não tem experiência nenhuma com atividade comportamental, mas quer participar do processo.

Participante	Categoria de Análise	Interpretação dos Dados
	Percepção	Percebe que "é ótimo em termos de experiência" e a possibilidade de aplicar os conhecimentos adquiridos no curso superior também é ótima. Percebe dificuldades quanto à manutenção de determinadas práticas, que não se modernizam, nem desburocratizam, em função dos empregados mais antigos, que resistem à mudança. Considera um desafio tentar renovar um pouco o que existe.
16	Motivação	Não consegue articular uma motivação voltada para o seu próprio desenvolvimento. Entende que vai poder ajudar mais os outros, "juntar mais as pessoas" e ter mais incentivo.
	Expectativas	Imagina que vai ter "bastante trabalho [...] vai mexer muito com a cabeça", vai ser bem dinâmico. O processo não vai estar voltado só para o aspecto profissional, mas também "em casa", demonstrando misturar as dimensões. Acha ainda que o processo trará motivação, uma vez que já fez tudo e gostaria de mais alguma coisa para aprender, "calhou no momento certo". Apresenta uma compreensão distorcida dos objetivos e conteúdo, pois após todas as explicações ainda acha que estará voltado à secretaria.
	Percepção	Percebe a empresa como "muito boa". Está tentando resgatar as pessoas por meio da promoção de cursos, deixando os empregados se desenvolverem – "todos deviam fazer" cursos como este para equilibrar, pois esquecem que existe um ser humano, uma "pessoa igual a ele". Percebe a empresa com altos e baixos, mas está bem.
17	Motivação	Sente-se sobrecarregada de trabalho e muito envolvida com o operacional, sem tempo para ler e se atualizar. Dessa forma, percebe o treinamento como algo interessante e uma oportunidade de atualização, uma vez que se sente defasada.
	Expectativas	Imagina que serão feitos trabalhos em grupo e pretende "usar muita psicologia" para conhecer "mais o tipo profissional de cada um".

Participante	Categoria de Análise	Interpretação dos Dados
18	Percepção	Percebe-se motivada porque gosta da área e das pessoas, mas também percebe a empresa "parada", sem perspectiva. Faltam sete anos para a aposentadoria e é como se estivesse em final de carreira, sem ânimo. Acha que a área em que trabalha vai ser uma das últimas a acabar, mas sente tristeza pela situação geral da empresa e não sabe se a empresa dura os sete anos que ainda restam para sua aposentadoria. Chegou a assinar a carta do PDV, mas foi "salva" no último dia pela vaga que ocupa no momento.
	Motivação	Entende como necessário reciclar o papel de secretária que mudou muito, requer atualização "como qualquer outro profissional", que "abra mais os nossos campos", pois está mais amplo, voltado para o grupo e é um trabalho diferente o que vai ser feito, porque "realmente abrange qualquer área, até para analista, técnico"[...]
	Expectativas	Entende que o desenvolvimento do papel profissional hoje é um problema de todos, independentemente da empresa em que se trabalha, por isso você vai trazer "dinâmicas novas" que estão acontecendo no mercado. "Abrir o leque, abrir o campo mais para nós" de conhecimentos que poderão ser colocados em prática. A maior carência que identifica está voltada para a organização de sua agenda diária, em planejar e delegar mais, poder acompanhar tudo o que acontece, uma vez que o ritmo está muito acelerado. Como não foi preparada para a função, o que aprendeu foi por força de vontade, e quando vem uma pessoa especializada para ensinar, é preciso aproveitar – "a gente caminha mais reto, não tem tantas curvas para a gente chegar".
	Percepção	Percebe a empresa como "política pura, [...] se dessem a empresa para os empregados, ia dar dez vezes a volta por cima, porque é uma empresa que tem um potencial tremendo". Os empregados novos não ficam por causa do salário, pois o mercado oferece o dobro. E os antigos ficam por acomodação. Percebe a área em que trabalha como indo muito bem, assim como outras áreas técnicas. O problema maior foi que com o PDV 2000 pessoas saíram e a empresa ficou desfalcada. Todo mundo está sobrecarregado e insatisfeito com o salário, mas faz cinco anos que a estrutura organizacional não muda, o que dá segurança.

O TRABALHADOR NO MUNDO CONTEMPORÂNEO 123

Participante	Categoria de Análise	Interpretação dos Dados
19	Motivação	Considera o tema "legal", e criatividade e trabalho em equipe interessam muito. São assuntos que têm a minha "cara", segundo algumas pessoas, e gosta muito dessa temática. "Tudo que é qualidade, eles lembram de mim."
	Expectativas	Espera atualização, inovação, trabalho em equipe é importante, além da "curiosidade de ver o que vai rolar".
	Percepção	Percebe as pessoas "superdesmotivadas". Além do salário baixo existe o problema de não poder fazer determinados cursos. A empresa investiu muito nos "concursados", e a maioria já saiu para ganhar o dobro. Na área em que atua, os empregados foram proibidos de aderir ao PDV, por causa do cliente pelo qual a área é responsável; e isso foi um fator de grande desmotivação porque são profissionais que têm oportunidade de realocação no mercado, e é difícil conviver e produzir ao lado de quem está desmotivado. Quanto a ela, sente que atingiu o objetivo que almejava ao assumir a função que agora exerce, mas acredita que seja o último degrau na empresa.
20	Motivação	Na área em que trabalha, criatividade é fundamental, além de "senso de organização". Gosta de se atualizar, tem lido revistas e sites, mas "poder fazer um curso prático, trabalhando com alguns pontos, eu acho ótimo".
	Expectativas	Imagina que serão realizados trabalhos em grupo, jogos para "soltar a criatividade". Percebe como importante ter "jogo de cintura", principalmente na área em que atua, "saber a hora certa de dizer as coisas".
	Percepção	Percebe dois lados distintos na empresa: o dos escândalos recentes, problemas divulgados pela mídia e o "ótimo conceito que a empresa tem lá fora", pela competência técnica que demonstra. Possui "gente muito boa [...] que veste a camisa". Não acredita numa possível privatização.

A motivação foi utilizada como uma variável investigativa – a participante propunha-se a fazer parte do grupo por vontade da chefia ou por uma busca pessoal? A resposta dada na entrevista seria confirmada ao longo do processo de investigação, de acordo com a espontaneidade da participante, o interesse, as necessidades e preocupações apresentadas, a freqüência e a pontualidade.

As expectativas levantadas foram verificadas no primeiro encontro e afinadas com o objetivo da investigação. A terceira categoria, sobre a percepção, buscou identificar o momento histórico da participante na empresa e seu grau de satisfação ou insatisfação em relação ao fato de nela trabalhar.

O Quadro 5, a seguir, visa reunir os resultados de cada participante por encontro, dando realce às características e habilidades reconhecidas pela participante como necessárias ao desempenho do papel profissional, assim como às expressões de sentimentos e emoções individuais, descobertas, percepções e reflexões que possam reconstruir a participação de cada participante no processo grupal, e permita uma visão do caminho percorrido, individual e coletivamente, de acordo com as instruções do diretor e com a espontaneidade de cada participante.

Cada encontro teve objetivos específicos e foi constituído por várias atividades, ora individuais, ora grupais, em consonância aos objetivos definidos para o projeto de pesquisa. A síntese apresentada no quadro a seguir contém elementos de observação e análise do diretor – pesquisador com base nos resultados oferecidos pelos participantes. Nesse escopo, o pesquisador destacou alguns momentos que considerou significativos referentes à participação de cada participante, em cada encontro. Outros momentos não foram considerados no quadro a seguir porque foram voltados para o desenvolvimento da criatividade, do trabalho em equipe, relacionados ao reforço de aprendizagem ou de nutrição do grupo com informações teóricas, não apresentando dados novos para a compreensão da evolução do papel profissional e da trajetória de cada participante.

De acordo com esse enfoque, e para melhor compreensão da síntese, relacionamos as atividades realizadas em cada encontro e destacadas pelo pesquisador: no primeiro encontro foram considerados os resultados obtidos na apresentação e no levantamento de expectativas; no segundo encontro foram consideradas as expressões verbais de cada participante obtidas por meio de solilóquio, ao final de cada tempo histórico representado; no terceiro, foram analisadas as esculturas produzidas pelos participantes, observando-se a disposição dos objetos e significados verbalizados por eles; no quarto encontro foi considerada a escolha de decisão profissional feita pela participante (perspectiva de empregabilidade), diante da notícia de privatização da empresa; no quinto foi

O TRABALHADOR NO MUNDO CONTEMPORÂNEO   125

considerada a palavra sorteada pela participante e a relação desta com a história do seu papel profissional; no sexto encontro foi considerada a escolha do momento mais significativo para cada participante, considerando todo o processo de investigação; a avaliação afetiva de cada participante em relação aos seis encontros; e a percepção do outro sobre o papel profissional de cada participante do grupo de pesquisa. As informações constantes do quadro a seguir fazem parte do Anexo 3, que contém na íntegra os registros dos encontros.

QUADRO 5
Síntese dos Resultados do Processo Grupal
por Participante / por Encontro

Part.	Enc.	Resultados do Processo Grupal
1	1º	Destacou em sua apresentação a feminilidade como componente para o desempenho do seu papel profissional, considerando-se feliz e realizada profissionalmente; gosta de doar-se às pessoas. Participa da "Pirâmide do Crescimento", que representa as expectativas, simbolizando disposição para aprender e segurança profissional.
	2º	O passado (primeira etapa do encontro) representou "experiência na condução das coisas, responsabilidade"; a atualidade representou "responsabilidade" e para o futuro tem a expectativa de trabalhar menos e aproveitar melhor o tempo nas relações pessoais.
	3º	Denominou sua escultura de "Transcender"; os oito objetos estão organizados na vertical, tendo na parte superior a espiritualidade (caixa com o terço) e na base estão a credibilidade, a boa imagem e a capacidade de comunicação (escova de cabelo e agenda).
	4º	Participou do grupo que escolheu buscar aperfeiçoamento para permanecer na empresa. Na primeira imagem buscava "aprendizado intensivo" e na segunda sentiu-se "egoísta". Percebeu sua dificuldade em expressar sentimentos considerados negativos, como raiva, inveja e competição.
	5º	Sorteou a palavra "coragem" que a reportou ao momento em que trocou a sede da empresa em São Paulo, onde era secretária de um chefe "maravilhoso", e foi para o escritório no centro para secretariar um chefe desconhecido. Percebe-se como uma pessoa corajosa.
	6º	Escolheu como momento mais significativo do processo o "jornal vivo" realizado no quinto encontro, participando do grupo que construiu uma árvore para representar a escolha. A árvore simboliza a coragem e é acolhedora, características consideradas importantes para o desempenho profissional. No jogo de avaliação diz que chegou "pesada e bagunçada" e está saindo "com a chave do sucesso na mão". A percepção do outro sobre a participante 1 no que tange ao papel profissional refere-se à sua capacidade de organização e espiritualidade.

126 LUCIA ALMEIDA

Part.	Enc.	Resultados do Processo Grupal
2	1º	Não compareceu.
	2º	O passado representou "informação"; o presente, "responsabilidade"; e no futuro espera trabalhar menos e ter mais tempo disponível para assuntos pessoais.
	3º	O nome dado à escultura foi "Eu"; utilizou sete objetos, sendo que seis estão bem juntos ou superpostos, e o saco plástico com livros, mais afastado do conjunto, representa a característica de bem aproveitar o tempo. Isso parece coerente, uma vez que esqueceu a bolsa e construiu a escultura com os objetos que trazia consigo no momento.
	4º	Chegou atrasada, não participando de nenhum grupo. Ao final, sugeriu a realização de uma espécie de "amigo secreto" no último encontro.
	5º	Chegou novamente atrasada, participando apenas da última atividade, que foi a construção da imagem para a reunião de todas características do papel profissional até então discutidas, onde se sentiu "natural".
	6º	Participou do grupo que escolheu a escultura do papel profissional como o momento mais significativo do processo (terceiro encontro) que construiu uma flor que abria suas pétalas simbolizando o desabrochar do autoconhecimento. Na avaliação do processo de investigação diz que chegou "com conteúdo" e está saindo "com mais conteúdo". Foi percebida pelo outro como uma pessoa que anota tudo e pelo fato de querer ser sempre encontrada.
3	1º	Percebe que seu papel profissional pode melhorar sempre e que tem muitas utilidades; considera importante ter base para ampliar conhecimentos. Participou do grupo "Ordem e Progresso" que representou suas expectativas por meio da bandeira brasileira, que simbolizava o progresso profissional do grupo, renovação, aprendizado, criatividade e alegria, caminho, movimento. Não participou mais do processo de investigação, justificado por compromissos profissionais (exerce a função de supervisor) não programados.
4	1º	Apresenta-se como uma pessoa transparente e conservadora. Participou do grupo que representou as expectativas por meio da "Tocha Olímpica" que simboliza recepção de informações e canalização para aproveitamento de todos.
	2º	Não compareceu.
	3º	Denomina sua escultura de "Crescimento", construída com seis objetos superpostos, apresentando uma base (agenda) necessária para o desenvolvimento do papel profissional, e o espelho no lugar mais alto da escultura, simbolizando sua transparência e o sofrimento representado pelo fato de absorver os problemas alheios.
	4º	Participou do grupo que optou pelo aperfeiçoamento e pela permanência na empresa. Na primeira imagem, mostrou "compenetração", e na segunda sentiu-se "tensa". Disse que a vivência oferecida pela imagem fez com que experimentasse a mesma competitividade existente no mercado.

O TRABALHADOR NO MUNDO CONTEMPORÂNEO   127

Part.	Enc.	Resultados do Processo Grupal
	5º	Sorteou "autodisciplina", que identifica com autocontrole, reconhecendo ser muito necessária na função que exerce, em especial porque corre o risco de misturar o problema do outro com o trabalho profissional, o que é uma característica percebida pela participante.
	6º	Escolheu a construção da escultura como o momento mais significativo do processo, simbolizado por uma flor abrindo, representando o desabrochar do autoconhecimento. Na avaliação do processo, diz que chegou "com conteúdo, mas fechada" e que está saindo "aberta e com conteúdo". Foi percebida pela pessoa que a sorteou como alguém que fica voando, o que parece não ter relação com percepção do processo de investigação, mas uma percepção anterior, relativa à história de ambas na empresa.
5	1º	Apresenta-se como não-transparente e preocupada com o cumprimento de horários. Participou da construção do "Bastão de Compartilhamento", que representou as expectativas do grupo, simbolizando que o resultado é obtido pela participação de todos.
	2º	Participou do grupo mais jovem, em que o passado foi percebido como "aprendizagem", o presente como "conhecimento" e o futuro representa inovação, desafio, mudança, autonomia, sair do comodismo e construir uma nova vida.
	3º	Não compareceu.
	4º	Participou do grupo que escolheu buscar emprego por meio de vários recursos, assumindo na cena o papel de uma pessoa conhecida da participante que procura emprego, representando a rede de relações (*networking*) necessária para recolocação no mercado; sentiu-se "solidária" ao final da cena.
	5º	Escolheu a palavra "disciplina" e comentou que se percebe disciplinada em relação aos horários da empresa e ao trabalho.
	6º	Escolheu o "jornal vivo" como o momento mais significativo do processo (ver a participante 1, que fez a mesma escolha). Na atividade de avaliação do processo disse que chegou "com pouco conteúdo" e que estava saindo "com um pouco mais de conteúdo". Foi percebida como conservadora e bonita.
6	1º	Em sua apresentação não faz referência a nenhuma característica ou habilidade do papel profissional, referindo-se apenas à cor escolhida – amarelo "porque é forte". Participou da construção da "Pirâmide do Crescimento", que representou as expectativas, junto com a participante 1.
	2º	Percebe o passado como "experiência", o presente como "vivência", e o futuro apresenta-se como um mar calmo, com maior tranqüilidade e segurança. Sente-se forte para enfrentar as tempestades.
	3º	Não compareceu.
	4º	Participou do grupo que escolheu buscar emprego, assumindo, na cena, o papel de recepcionista da agência de empregos, representando o subemprego da realidade contemporânea, sentiu-se "preocupada" ao final da cena.

128 LUCIA ALMEIDA

Part.	Enc.	Resultados do Processo Grupal
	5º	Sorteou a palavra "*estresse*", que a reportou ao período do último Programa de Demissão Voluntária – PDV ocorrido na empresa, quando ficou bastante apreensiva.
	6º	Escolheu como momento mais significativo do processo a notícia dada no quarto encontro sobre a privatização da empresa. Na cena construída para representar a escolha, assume o papel de "puxa-saco" de um dos novos proprietários a fim de conseguir permanecer na empresa. Na avaliação do processo, disse que chegou "não sabendo o que colocar" e saiu "tendo muito a fazer". Recebeu sais de banho para reduzir o *estresse*, de acordo com a percepção de quem a sorteou.
7	1º	Apresenta-se como uma pessoa transparente, tímida e que busca ser coerente. Participou da construção do "Bastão de Compartilhamento", que representou as expectativas, juntamente com a participante 5, cujo foco é o trabalho em equipe. É interessante observar que a cena da qual participou sobre a realidade contemporânea também teve como tema o trabalho em equipe.
	2º	O passado agregou "aprendizado" ao papel profissional, o presente representa "percepção da possibilidade de continuar evoluindo, certeza de que tem mais a aprender", e para o futuro espera trabalhar menos e ter mais tempo disponível para o pessoal, da mesma forma que as participantes 1 e 2.
	3º	Foi a última participante a apresentar sua escultura dando a impressão, para a unidade funcional, de que estava um pouco perdida, tendo esquecido aparentemente o significado de alguns objetos (canetas). Denominou "Versátil", composta por seis objetos bem-arrumados, sendo que o sétimo (caixa de remédio) servia apenas como suporte para o objeto que simboliza a família (bandeirinha).
	4º	Participou do grupo que escolheu o aperfeiçoamento para permanecer na empresa, o mesmo das participantes 1 e 4. Na primeira imagem construída, a participante 7 representou "reflexão – novas idéias", e na segunda sentiu-se "idealizada". Explicou que todos os que fizeram parte da imagem estavam buscando o próprio ideal.
	5º	Sorteou a palavra "autonomia", que declarou encaixar como uma luva em seu papel profissional. Ao final do encontro, propôs que o grupo buscasse reunir todas as características e habilidades discutidas em uma única imagem, uma vez que diziam respeito ao papel profissional, cuja construção foi de difícil consenso, mas traduziu a realidade da empresa em relação às dificuldades do desempenho do papel profissional.
	6º	Escolheu como momento mais significativo do processo a construção da escultura do papel profissional, no mesmo grupo das participantes 2 e 4, que por meio da construção de uma flor simbolizaram o desabrochar do autoconhecimento. Na avaliação afetiva sobre todo o processo, disse que chegou "com o objetivo de aprender algo novo" e que saía com algo "que não é novo, tem os conhecimentos, auto-estima" e percebe a necessidade de se atualizar sempre. Foi percebida como uma profissional organizada.

O TRABALHADOR NO MUNDO CONTEMPORÂNEO 129

Part.	Enc.	Resultados do Processo Grupal
8	1º	Na apresentação ao grupo não fez referência a características e habilidades do papel profissional, fazendo comentários acerca do papel escolhido, a alegria de suas figuras e a possibilidade de chegar a novas formas. Participou da construção da "Tocha Olímpica", que representou as expectativas, simbolizando a recepção de informações e canalização para aproveitamento de todos. Na cena construída sobre a realidade contemporânea, assumiu o papel de chefe arrogante de um departamento da empresa, que se mostrava muito ocupado.
	2º	O passado agregou "experiência" ao papel profissional, o presente representa "experiência e liberdade", e o futuro apresenta-se mais tranqüilo, mais seguro, sentindo-se fortalecido para enfrentar tempestades.
	3º	Denominou sua escultura de "Proação", composta por sete objetos arrumados em dois conjuntos separados: inicia a apresentação pelos objetos que simbolizam a organização (caneta e caderno), ficando bastante emocionada; o outro conjunto simboliza características pessoais, profissionais e habilidades necessárias ao exercício profissional, apresentando como base da construção sua religiosidade (livro de orações).
	4º	Participou do grupo que escolheu buscar aperfeiçoamento para permanecer na empresa. Na primeira imagem, representou a "esperança" e na segunda sentiu-se "tranqüila". Relatou uma experiência similar à representada pela imagem vivenciada na empresa, quando de dois empregados, apenas um ia ficar. Teve a sorte de a chefia ajudar na recolocação.
	5º	Sorteou a expressão "autoconhecimento", mas a participante não conseguiu entender seu significado, confundindo com aprendizado e repasse de conhecimentos, apesar da ajuda da unidade funcional e dos outros participantes.
	6º	Escolheu como momento mais significativo do processo o resgate da história do papel profissional realizado no segundo encontro. Fez dupla com a participante 17, que assumiram inicialmente a posição fetal, e aos poucos foram se levantando e erguendo os braços, esticando o corpo, a fim de simbolizar crescimento, conquista de autonomia e evolução nas funções exercidas na empresa, uma vez que começaram na digitação, área conhecida pela rigidez de horários e regras. Na avaliação de todos os encontros, disse que chegou "apreensiva com o que seria o curso" e que estava saindo com "conhecimentos para serem aplicados". Foi percebida como uma profissional organizada.
9	1º	Percebe-se como "aprendiz de feiticeira" no atual momento profissional, declara-se tímida e está se sentindo nervosa; percebe-se também uma pessoa muito simples e fechada, referindo-se mais ao aspecto pessoal, e não ao profissional. Participou do grupo que construiu a bandeira nacional, denominado "Ordem e Progresso", para representar as expectativas, junto com a participante 3.
	2º	A representação do passado simbolizou "crescimento" para o papel profissional, o presente indica que "ainda tem que aprender mais", e o futuro significa construir uma nova vida, saindo do comodismo, além de autonomia e desafio.

130 LUCIA ALMEIDA

Part.	Enc.	Resultados do Processo Grupal
	3º	Denominou a escultura "Ascensão", composta por cinco objetos, criando uma estrutura vertical, cuja base é representada pela previdência (papéis variados) e no alto pelo desejo de crescer (chaves); a carteira que serve de eixo de sustentação possui vários significados: conhecimentos adquiridos, ascensão em virtude da nova função e o temperamento fechado que reconhece ter. Ainda não conseguiu identificar características e habilidades próprias do papel profissional, confundindo-os com aspectos pessoais. Mas a escultura é coerente com seu momento profissional.
	4º	Não compareceu, mas justificou a ausência.
	5º	Sorteou a palavra "flexibilidade", que reportou a participante ao momento de mudança para a nova função de secretária.
	6º	Escolheu como momento mais significativo do processo a construção da escultura do papel profissional, representado pela flor que simbolizou o desabrochar do autoconhecimento. Na avaliação afetiva dos encontros, declarou que chegou "em branco" e que saía podendo "abrir portas e novos caminhos". Foi percebida como uma profissional que cresceu muito, é versátil e consegue ajudar a todos.
10	1º	Apresenta-se como transparente e pouco conservador; considera companheirismo e amizade importantes. Participou da construção da "Tocha Olímpica" junto com as participantes 4 e 8.
	2º	Não compareceu, mas justificou a ausência.
	3º	Denominou sua escultura "crescimento", composta por oito objetos interligados, arrumados horizontalmente, indicando organização, preocupação com a estética e que todos os componentes do papel têm o mesmo grau de importância.
	4º	Participou do grupo que escolheu permanecer na empresa, sentindo "angústia" na primeira imagem e "realizada" na segunda. Declarou ainda que se sentiu potente para sobressair.
	5º	Sorteou a palavra "desafio", que está relacionada à sua experiência profissional na empresa, quando assumiu o posto de trabalho que ora ocupa.
	6º	Escolheu como o momento mais significativo dos encontros a construção da escultura do papel profissional, simbolizada pelo "desabrochar do autoconhecimento". Na avaliação afetiva declarou ter chegado se percebendo "bonita, mas não sabe o que tem dentro" e que saía "enriquecida". Recebeu do colega que a sorteou um perfume miniatura pela maneira como atende o telefone.
11	1º	Percebe-se como conservadora, embora goste do novo também; é previdente e organizada. Gosta do trabalho que realiza, bem como de lidar com pessoas. Participou da construção da "Ordem e Progresso", que representou as expectativas, no mesmo grupo das participantes 3 e 9. Na cena construída sobre a realidade contemporânea, assumiu o papel de coordenadora da equipe atendendo o cliente com cortesia e mostrando-se preocupada com a qualidade do resultado.

O TRABALHADOR NO MUNDO CONTEMPORÂNEO   131

Part.	Enc.	Resultados do Processo Grupal
	2º	O passado agregou ao papel profissional "evolução e responsabilidade", o presente, "experiência e responsabilidade", percebendo para o futuro maior tranqüilidade e segurança, sentindo-se forte para enfrentar tempestades.
	3º	Denominou sua escultura "Paralelo", composta por cinco objetos arrumados na horizontal e guardando certa distância entre si. Todos os objetos que representam as características e habilidades percebidas pela participante parecem ter a mesma ordem de importância. "Paralelo" (nome da escultura) representa a compreensão da participante quanto à vida profissional e pessoal que acontecem paralelamente, mas que a participante declara conseguir separar – "não misturo as estações".
	4º	Participou do grupo que escolheu permanecer na empresa. Na primeira imagem representou a "busca", na segunda, sentiu-se "esperançosa". Explica que a imagem construída pelo grupo procurou preservar os espaços e as identidades de cada participante.
	5º	Não compareceu, mas justificou a ausência.
	6º	Escolheu como momento mais significativo do processo a notícia sobre a privatização (quarto encontro), participando do grupo que construiu uma cena para representar a escolha, na qual a participante ficou paralisada, não conseguindo definir uma atitude, ou seja, competir. Percebeu, durante os comentários, que vai precisar agir como os outros, pensando primeiro em si própria. Na avaliação afetiva declarou que chegou "com pouca informação" e que saía "com mais informação e com espaço para mais". Foi percebida como uma profissional meiga.
12	1º	Na apresentação, não relacionou características e habilidades referentes ao papel profissional, atendo-se às características simbolizadas pelo papel celofane escolhido. Participou do grupo que construiu a "Pirâmide do Crescimento" para representar as expectativas, junto com as participantes 1 e 6, que percebem a função que exercem, secretária, como ameaçada.
	2º	O passado agregou "aprendizagem" ao papel profissional, o presente, "conhecimento", e o futuro apresenta maior tranqüilidade e segurança em relação à vida profissional.
	3º	Não compareceu.
	4º	Chegou bastante atrasada em virtude de compromisso profissional, participando apenas da parte teórica do encontro.
	5º	Sorteou a palavra "passividade", que reportou a participante ao início da carreira na empresa, quando trabalhava na área de digitação e a passividade era necessária por uma questão de sobrevivência. Hoje não se percebe nem um pouco passiva. Ao final do encontro, liderou a última construção da imagem que buscou o consenso do grupo, sentindo-se "tranqüila".

132 LUCIA ALMEIDA

Part.	Enc.	Resultados do Processo Grupal
	6º	Escolheu como momento mais significativo do processo o "jornal vivo" (quinto encontro), participando do mesmo grupo que as pessoas 1 e 5. Na avaliação afetiva utilizou o mesmo objeto (caderno) para representar os dois momentos: disse que chegou "com certo conteúdo e fechada" e que saía podendo "revisar e a parte em branco, completar". Foi percebida como uma profissional disciplinada.
13	1º	Percebe-se conservadora, com seriedade, maleável, mas não totalmente transparente. Gosta de aprender e não tem medo de ensinar o que sabe. Participou da construção "Ordem e Progresso" para representar as expectativas, no mesmo grupo dos participantes 3, 9 e 11.
	2º	Percebeu que o passado agregou "experiência e evolução" ao papel profissional, o presente, "experiência", e o futuro indica desafio, inovação, mudança, sair do comodismo e construir uma nova vida.
	3º	O nome da escultura foi o próprio nome da participante. A escultura possui oito objetos, mas sete são apresentados (nada fala sobre a caneta), não demonstrando uma organização, o que parece coerente com ele, uma vez que se percebe pouco organizada (representado pelo espelho, que possui também o significado da transparência), "...mas se acha na bagunça que faz".
	4º	Não compareceu.
	5º	Sorteou a expressão "autoconfiança", que foi exemplificada por meio de uma situação recente de trabalho, cujo resultado foi positivo em função da autoconfiança da participante.
	6º	Escolheu como momento mais significativo do processo de investigação a construção da escultura do papel profissional, representado por uma flor, que simbolizou o "desabrochar do autoconhecimento", fazendo parte do mesmo grupo das participantes 2, 4, 7 e 10. Na avaliação afetiva disse que chegou "vazia" e que saía "com mais conteúdo". Seu "amigo secreto" lhe deu de presente um batom vermelho, fazendo referência à sua escultura do papel profissional da participante 13, que tinha como componente um batom de cor clara, que, segundo a participante, é séria. O presente foi dado como estímulo à mudança, a experimentar coisas novas.
14	1º	Percebe-se com brilho próprio e declarou que "gosta de ver o desenrolar das coisas". Participou da construção da "Tocha Olímpica", que representou as expectativas, no mesmo grupo dos membros 4, 8 e 10.
	2º	Não compareceu.
	3º	Denominou sua escultura de "Brilho", composta por três objetos arrumados lado a lado. O único objeto aberto (porta-níquel) está no meio e representa abertura a novos conhecimentos. A carteira fechada representa seu sentimento (fechada) no local de trabalho e o batom representa o brilho, que deu nome à escultura.

O TRABALHADOR NO MUNDO CONTEMPORÂNEO   133

Part.	Enc.	Resultados do Processo Grupal
	4º	Participou do grupo que escolheu aperfeiçoar-se para permanecer na empresa, representando "tensão" na primeira imagem e "apreensiva" na segunda.
	5º	Escolheu a palavra "Competência", que a reportou ao momento em que saiu da área de digitação e foi trabalhar na secretaria, coincidindo com a ocasião em que ficou viúva e sentia-se emocionalmente fragilizada. Mas foi bastante competente para assumir a nova função.
	6º	Escolheu como momento mais significativo do processo o "jornal vivo" (quinto encontro), no mesmo grupo dos participantes 1, 5 e 12, que construiu uma árvore para simbolizar a escolha. Na avaliação afetiva disse que chegou "fechada" e saía "realizada porque vai aplicar o que aprendeu". Foi percebida como uma profissional que valoriza a utilidade.
15	1º	Percebe-se uma pessoa tímida e que gosta de coisas complicadas. Não falou diretamente sobre características e habilidades necessárias ao desempenho do papel profissional, verbalizando de forma interessante, falando de encontro e progresso, mas de difícil localização em relação ao exercício profissional. Foi a última a se apresentar. Participou da construção do "Bastão de Compartilhamento", junto com os membros 5 e 7, que simbolizou o trabalho em equipe.
	2º	Percebeu que o passado agregou "experiência e aprendizagem", o presente contém "evolução e ansiedade", e o futuro requer inovação, mudança, desafio, sair do comodismo representado pela empresa e construir uma nova vida.
	3º	Denominou sua escultura "Torre" (de crescimento e de transmissão), constituída por cinco objetos superpostos. A base (caderno) simboliza o gosto pela pesquisa, pelo estudo, a organização e coisas novas; o objeto que encima a escultura (copinho de limpar lentes) simboliza a visão clara das coisas.
	4º	Participou do grupo que escolheu buscar emprego. Na cena construída para representar a escolha assumiu o papel de uma profissional de informática que procura emprego nos anúncios de jornal, busca auxílio entre pessoas conhecidas e participa de entrevista, sendo contratada. Sentiu-se ansiosa no papel assumido na cena. Declarou que não descarta a possibilidade de sair da empresa e enfatizou a importância de acompanhar as mudanças do mercado de trabalho.
	5º	Sorteou a palavra "atualidade", que segundo ela é sua preocupação constante, fazer o intercâmbio com o que aprende e percebe no contexto externo à empresa, como a faculdade, e trazer para dentro mudanças e novidades em relação ao exercício do papel profissional.
	6º	Escolheu como momento mais significativo de todo o processo a construção da escultura do papel profissional, participando do grupo que fez a flor para representar a escolha, simbolizando o "desabrochar do autoconhecimento". Na avaliação afetiva do processo declarou que chegou não sabendo "ainda o que vai fazer" e que saía "com objetivos e o que transmitir". Recebeu do "amigo secreto" uma escultura em pedra-sabão, à guisa de troféu, porque foi a revelação do grupo.

Part.	Enc.	Resultados do Processo Grupal
16	1º	Percebe-se aberta a aprender, declarou que gosta de ajudar e ouvir, não apresentando habilidades relativas ao desempenho do papel profissional. Participou do grupo que construiu o "Bastão de Compartilhamento", o mesmo dos membros 5, 7 e 15 para representar as expectativas.
	2º	Na primeira etapa do Encontro (passado) fez dupla com a participante 2, construindo uma segunda máquina por falta de flexibilidade dos dois participantes que não conseguiram chegar a um consenso com o grupo a que pertenciam. A representação do passado agregou ao papel profissional da participante 16 "evolução e responsabilidade"; o presente, "vivência" e para o futuro espera estar trabalhando menos e tendo mais tempo para assuntos pessoais.
	3º	A partir desse encontro, a participante não mais compareceu e também não justificou a desistência no processo de investigação.
17	1º	A participante não fez referência a nenhuma característica e habilidade necessária ao desempenho do papel profissional, atendo-se ao papel celofane escolhido. Participou da construção da "Pirâmide de Crescimento" que representou as expectativas do grupo.
	2º	Agregou ao papel profissional na primeira etapa do encontro referente ao passado "evolução e crescimento", o presente, "conhecimento e experiência" e para o futuro imagina maior tranqüilidade e segurança na vida profissional.
	3º	Denominou sua escultura "Sem Nome", composta por quatro objetos, onde apenas dois estão superpostos (caneta e agenda) representando a dificuldade em se organizar. Os outros dois, separados, representam boa aparência (batom) e facilidade em se comunicar (telefone celular) apesar de se perceber tímida.
	4º	Participou do grupo que escolheu buscar emprego. Na cena criada para representar a escolha, assumiu o papel de recepcionista de uma agência de empregos, simbolizando o subemprego destinado a quem está pouco preparado para o mercado de trabalho, em nível de conhecimento. O papel assumido originou sentimento de preocupação.
	5º	Não compareceu.
	6º	Escolheu como momento mais significativo do processo o resgate da história do papel profissional realizado no segundo encontro, fazendo dupla com a participante 8. Construíram uma imagem para representar a escolha que simbolizou o crescimento que tiveram na empresa ao longo da carreira, uma vez que ingressaram pela área de produção, muito rígida e fechada, e foram assumindo outras funções e conquistando autonomia no desempenho do papel profissional. Na avaliação afetiva declarou que chegou para participar dos encontros com "pouco conhecimento" e que saía "iluminada com mais conhecimentos". Foi percebida como uma profissional que valoriza a espiritualidade (ganhou uma agenda espírita em razão de sua crença), o que foi considerado importante para o desempenho do papel profissional.

O TRABALHADOR NO MUNDO CONTEMPORÂNEO   135

Part.	Enc.	Resultados do Processo Grupal
18	1º	Foi a primeira participante a se apresentar, reconhecendo-se como profissional com clareza, amizade e transparência. Participou da construção da "Tocha Olímpica" que representou as expectativas do grupo do qual fez parte junto com os membros 4, 8, 10 e 14, que simbolizou a recuperação de informações e a canalização para aproveitamento de todos.
	2º	A representação do passado profissional agregou "informação" ao seu papel profissional, o presente, "tecnologia" e para o futuro espera trabalhar menos e ter mais tempo para assuntos pessoais.
	3º	Denominou sua escultura "O Eu", construindo um rosto constituído pelos dois olhos (dois batoms), boca (caixa de óculos), cabelos (chaveiro) e o crachá que representa a identificação da empresa, de uso obrigatório e com o qual concorda.
	4º	Participou do grupo que escolheu permanecer na empresa, representando "busca" na primeira construção da imagem, na segunda, "busca maior". Entende que em uma situação de privatização da empresa, "ficaremos no limite". Percebeu que seu currículo precisa ser melhorado e que "caiu a ficha".
	5º	Sorteou a palavra "assertividade" e comentou que antigamente, quando precisava pedir alguma coisa para outra área, era um sofrimento, e que hoje procura o caminho mais curto, usando seus direitos. Para a participante, assertividade está vinculada a maturidade e a autonomia.
	6º	Escolheu como momento mais significativo do processo de investigação a construção da escultura do papel profissional, representada por uma flor que simbolizou o "desabrochar do autoconhecimento", no mesmo grupo das participantes 2, 4, 7, 9, 10, 13 e 15. Na avaliação afetiva de todo o processo declarou ter chegado "com conteúdo" e que estava saindo "com mais vontade e atenta; com mais conhecimento; que iria buscar cursos, melhorar o currículo e se considerava dinâmica. Foi percebida como profissional elétrica.
19	1º	A participante não fez referência direta às características e habilidades do papel profissional, mas ao criar um pássaro com o papel (origami) escolhido, falou do poder de transformação que reconhece em si mesma. Participou da construção do "Bastão de Compartilhamento" para representar as expectativas, no mesmo grupo dos membros 5, 7, 15 e 16, que simbolizou o trabalho em equipe.
	2º	Participou do grupo com menor tempo de casa (0 a 15 anos), percebendo que a representação do passado profissional agregou "evolução", o presente "experiência e comodidade", e o futuro implica deixar o comodismo e construir uma vida nova.
	3º	Denominou sua escultura "Organização", constituída apenas por dois objetos superpostos e fechados (carteira e *necessaire*), ficando o objeto maior na base da escultura, mostrando equilíbrio. Ambos apresentam vários significados segundo verbalização da participante, indicando riqueza interior do papel profissional. Apesar de os objetos estarem fechados, a participante percebe-se como uma profissional aberta.

Part.	Enc.	Resultados do Processo Grupal
	4º	Participou do grupo que escolheu procurar emprego. Na cena construída para representar a escolha, assumiu o papel de entrevistador do candidato à vaga. Declarou ter sentido tensão durante a cena e que não pode haver acomodação, sendo necessário estudar sempre.
	5º	Sorteou a expressão "fazer escolhas", que apresentou afinidade com a sua história profissional, que declarou já ter trabalhado em outras organizações e funções, mas que agora exerce a função de programadora – "cheguei onde queria".
	6º	Escolheu como momento mais significativo dos encontros a notícia de privatização da empresa (quarto encontro), participando do grupo que construiu uma cena sobre a venda da empresa a um grupo espanhol, assumindo o papel do empregado que resolve procurar emprego no mercado, enfrentando o desafio. Na avaliação afetiva do processo de investigação declarou ter chegado com "idéias a serem expandidas" e que saía "mais aberta e cheia". Foi percebida como profissional lógica, racional, tranqüila e que gosta de desafios.
20	1º	A participante não fez referência às características e habilidades necessárias ao desempenho do papel profissional, atendo-se ao motivo de Natal do papel de presente escolhido e a forma que procurou dar ao papel, que buscava vários pontos de equilíbrio. Reconhece-se como uma pessoa que não consegue disfarçar o que está sentindo. Participou da construção do "Bastão de Compartilhamento" para representar as expectativas, que simbolizou a importância da contribuição individual no trabalho em equipe.
	2º	O passado agregou ao seu papel profissional "direcionamento e adaptação às regras", o presente, "liberdade dirigida", e o futuro indica maior tranqüilidade, segurança e capacidade para enfrentar tempestades.
	3º	Denominou sua escultura "Tenda dos Milagres", tendo sido apresentada em dois tempos: no primeiro, a escultura estava praticamente toda coberta por um saco azul que simbolizava versatilidade e praticidade. No segundo tempo, retira o saco, revelando vários objetos organizados em ordem crescente de tamanho e abertos (espelho, agenda de telefone e carteira). A carteira de cigarro ficou aparente nos dois tempos da apresentação, representando os vícios, como a teimosia.
	4º	Não compareceu.
	5º	Sorteou a palavra "maturidade", que segundo ela, representa o que é imprescindível na função que exerce atualmente. Acredita que trocar idéias com colegas de trabalho é muito produtivo. Na última fase desse encontro, quando o grupo buscou construir uma imagem que reunisse todas as características e habilidades discutidas do papel profissional, a participante liderou a construção de uma árvore, assumindo o papel de tronco espontaneamente, pois para o grupo, árvore representa movimento, renascimento, e precisa ser cuidada, assim como o papel profissional.

Part.	Enc.	Resultados do Processo Grupal
	6º	Escolheu como o momento mais significativo do processo de investigação a construção da escultura do papel profissional, representada por uma flor, que simbolizou o "desabrochar do autoconhecimento". Na avaliação afetiva relativa aos encontros, declarou ter chegado "com poucas marcas" e que saía "com marcas e resíduos". Foi percebida como uma pessoa espontânea.

Esse quadro procurou configurar uma síntese da história de cada participante no processo de investigação realizado, por meio de elementos considerados significativos pelo pesquisador, privilegiando dados subjetivos.

A articulação dos resultados obtidos no decorrer do processo grupal, no cotejamento das redações, nas informações coletadas pelas entrevistas que indicam a motivação, as expectativas e contextualizam o participante em seu ambiente de trabalho, o que necessariamente influencia nos resultados do processo, foram os subsídios utilizados pelo pesquisador para a elaboração da análise que segue. Procurou ainda estabelecer relação com os indicadores definidos, constantes do capítulo sobre metodologia, visando compor um quadro que demonstre o percurso de cada participante, as mudanças na percepção sobre o próprio desempenho profissional.

A participante 1 foi indicada pela chefia para fazer parte do processo de investigação, mas se declara satisfeita porque gosta mais de cursos comportamentais, que pode aplicar tanto na vida profissional como na pessoal, em comparação aos de informática. Trabalha na empresa há 16 anos e se percebe mais útil nos últimos cinco anos, em razão da área em que está lotada, que a faz atender cerca de 80 empregados, dando uma dimensão social à sua função de secretária. Espera "saber exatamente qual é o seu papel profissional", pois acha que não deve ficar restrita à função de secretária.

Durante o processo grupal foi uma participante ativa, muito falante, trabalhou bem em equipe, não tendo faltado a nenhum dos encontros. Apresenta boa percepção do papel profissional, sendo capaz de relacionar características e habilidades necessárias ao desempenho profissional, demonstrado por meio da construção da escultura (terceiro encontro). Demonstrou evolução na compreensão do seu papel profissional no decorrer do processo, ao destacar durante a entrevista o lado feminino e acolhedor que considera positivo em seu papel profissional e que surgiu na apresentação individual (primeiro encontro) e na construção da escultura do seu papel profissional (terceiro encontro), quando menciona os filhos como parte da escultura, sugerindo mistura dos papéis de mãe e profissional, mas relacionados a sua afetividade, feminilidade e capacidade de acolher os outros. A imagem (árvore) que representou o momento mais significativo de todo o processo para a participante (sexto encontro) teve como ponto forte para ela o fato de a árvore ser acolhedora. Declarou estar saindo "com a chave do sucesso na mão". O cotejamento das redações indica desenvolvimento do autoconhecimento, processo de reflexão sobre o papel profissional, maior valorização deste e desenvolvimento da criatividade.

A participante 2 trabalha na empresa há 17 anos, já tendo passado por diversas áreas. Atualmente sente-se bem na área em que atua, mostra-se confiante e percebe-se acreditada, considerando seu trabalho importante. Apesar de sua inscrição ter sido espontânea, apresentou uma motivação dúbia e expectativas pouco claras. Faltou ao primeiro encontro e chegou atrasada em outros dois. No segundo encontro, durante a construção da representação do passado da história profissional, apresentou dificuldade em trabalhar em equipe, provocando a cisão do grupo do qual participava. Apresentou um comportamento distinto da maioria dos participantes ao demonstrar que gosta de ser diferente e de se fazer notar. A construção da escultura (terceiro encontro) indica a necessidade de transgressão de regras (esqueceu a bolsa) e provar sua capacidade criativa ao usar os objetos de que dispunha na montagem da escultura. Foi também a participante 2 quem propôs realizar o "amigo secreto", indicando criatividade e desejo de contribuir (ou aparecer). Considerou o momento mais significativo do processo a construção da escultura que propiciou desenvolvimento do autoconhecimento. No cotejamento das redações, não indicou reflexões sobre o desempenho do seu papel profissional, nem assinalou mudanças.

O participante 3 compareceu apenas ao primeiro encontro e prometia ser uma presença interessada e criativa. Entretanto, não pôde continuar no grupo por atividades profissionais inesperadas, justificando-se e lamentando a saída.

O TRABALHADOR NO MUNDO CONTEMPORÂNEO 139

A participante 4 trabalha há 21 anos na empresa, demonstrando interesse e vontade de aprender coisas novas, além de curiosidade. Considerou que hoje está muito difícil trabalhar na empresa, por questões internas e externas, relacionadas à própria imagem que a organização possui. Sente-se confusa com a função que assumiu há cinco meses, está desmotivada e insegura. Ao longo do processo grupal participou ativamente, trabalhando bem em equipe e demonstrando criatividade. Apresenta boa percepção do papel profissional, sendo capaz de relacionar características e habilidades, reconhecendo também a dificuldade que possui em estabelecer limite entre o pessoal e o profissional, no que tange ao envolvimento com problemas alheios. Como momento mais significativo do processo escolheu a construção da escultura que propiciou autoconhecimento. O cotejamento das redações indica que ainda está confusa e desmotivada com a nova função, mas reabilitou a autoconfiança e a auto-estima, voltando a acreditar na própria competência. É interessante observar que a participante 4 foi citada, durante o processo grupal, pelas participantes 14 e 18 como modelo de profissional (secretária), declarando que haviam aprendido a função quando trabalharam ao lado dela. O caso dessa participante parece indicar uma situação típica de sofrimento subjetivo de quem está empregado, conforme descreve Dejours, mencionado nesse estudo. Indica também resgate da identidade profissional.

A participante 5 foi apontada por outro empregado da empresa como a que possui informalmente poder de decisão. Sentiu-se curiosa sobre o processo de investigação e quis participar; não tem clareza nas expectativas. Trabalha na empresa há 13 anos e não está satisfeita com a função de secretária por causa da rotina. Apenas aceitou o lugar para garantir o emprego porque falta pouco tempo para a aposentadoria. Sente-se insegura também. Durante o processo grupal não apresentou participação ativa e faltou ao terceiro encontro, momento de autoconhecimento por meio da construção da escultura do papel profissional. Demonstrou ser profissional disciplinada, atenta às normas e regras da empresa, por meio de verbalização como participação em cenas em que assumiu essas características espontaneamente. Demonstrou também ser conservadora e se reconhece pouco transparen-

140 LUCIA ALMEIDA

te. No cotejamento das redações, não indica mudanças no desempenho do papel profissional, comentando unicamente sobre o despertar da criatividade.

A participante 6 gosta da área em que atua porque se sente útil na função de secretária. Trabalha na empresa há 22 anos e entende que precisa estar preparada para as mudanças que vêm ocorrendo rapidamente. Durante o processo grupal teve participação discreta. Não ficou claro o quanto percebe suas características e habilidades profissionais, uma vez que não fez referência a elas durante a apresentação individual (primeiro encontro) e faltou ao terceiro, voltado para a construção da escultura. Durante a entrevista, apresentou tanto a sua motivação como expectativas voltadas para uma atualização, aspecto mais cognitivo do que afetivo, confirmando essa tendência no decorrer do processo e pelo cotejamento das redações, quando fez referência a mudanças que considerou necessárias no cotidiano de trabalho. Não fez referência a descobertas relativas ao papel profissional, apenas ao aumento da reflexão sobre ele.

A participante 7 entende a importância da renovação de conhecimentos e de aprender sempre, por causa do ritmo rápido das mudanças, em particular da tecnologia de informática. Trabalha na empresa há 19 anos e considera sua função um permanente desafio. Exerce atualmente o cargo de secretária e gosta muito do que faz. Durante o processo grupal mostrou-se interessada durante todo o tempo (nunca havia participado de atividade comportamental), não apresentando nenhuma falta e trabalhando bem em equipe. Apresenta boa percepção do papel profissional, relacionando características e habilidades que considera importantes a vários momentos do processo grupal. Demonstrou preocupação constante com a evolução profissional e o aprender sempre, presente também em diversos momentos do processo grupal. No cotejamento das redações valoriza o autoconhecimento e o desenvolvimento da percepção como elementos indispensáveis ao crescimento do papel profissional.

A participante 8 percebe a atual área em que trabalha como um paraíso, especialmente quando comparada à área de produção, na qual iniciou sua carreira na empresa há 23 anos. Apresenta motivação e expectativas voltadas apenas para a troca de experiências com os outros participantes e em adquirir novas. Du-

O TRABALHADOR NO MUNDO CONTEMPORÂNEO 141

rante o processo grupal teve participação ativa, foi assídua, apresentou certas dificuldades de compreensão, por exemplo, quanto à expressão autoconhecimento sorteada no quinto encontro, quando demorou bastante para entender o significado. Percebe sua trajetória profissional como um desafio, e o resgate da história do papel profissional foi considerado o momento mais importante para ela, o que é coerente, tendo em vista que começou sua carreira na área de digitação, muito rígida com horários e desempenho, e aos poucos foi conquistando autonomia e assumindo outras funções. A imagem construída para representar o momento mais significativo do processo simboliza a evolução e o crescimento ao longo do desenvolvimento do papel profissional. Na avaliação afetiva dos seis encontros declarou que estava saindo com conhecimentos para serem aplicados, o que aparece novamente na segunda redação, quando relata mudanças no dia-a-dia relativas a atitudes diferentes no desempenho do papel profissional, que refletem maior segurança e conhecimento dos próprios limites, demonstrando estar resolvida a respeitá-los.

A participante 9 foi indicada para tomar parte do processo de investigação pela participante 11, a quem auxilia no trabalho da secretaria, onde ambas estão lotadas. Apresenta sentimento contraditório sobre a empresa, porque o aspecto positivo é o fato de estar empregada, e o negativo, o fato de não se sentir identificada com a função atual. Gostaria de ter outra profissão, mas por motivos financeiros não é possível. Durante o processo grupal teve participação ativa e interessada. Apresenta percepção do papel profissional, misturando características pessoais com as profissionais (escultura do papel realizada no terceiro encontro). Considerou esse momento o mais significativo de todo o processo, porque propiciou autoconhecimento. Na avaliação afetiva, declarou ter chegado "em branco" para participar do processo e que saía vislumbrando novas possibilidades para o papel profissional. Foi percebida pelo grupo como uma profissional que cresceu muito. Como resultado dos encontros, a participante reviu o seu dia-a-dia, refletindo e descobrindo que o valor do seu trabalho deve ser percebido por ela mesma. Parece que conseguiu superar o sofrimento relativo ao trabalho que apareceu na entrevista, revalorizando a atual função ao final do processo.

142 LUCIA ALMEIDA

A participante 10 afirma que gosta da empresa onde trabalha há 15 anos e da função de secretária que exerce. Participou espontaneamente do processo, buscando atualização, renovação e enriquecimento pessoal. Considera importante ter contato com as pessoas que trabalham na mesma empresa, mas às vezes mal se conhecem. Durante o processo grupal teve participação ativa, criativa, trabalhando bem em equipe. Apresenta boa percepção do papel profissional, sendo capaz de relacionar características e habilidades necessárias ao seu desempenho, fato demonstrado na apresentação individual (primeiro encontro) e na construção da escultura (terceiro encontro). Considerou a construção da escultura o momento mais significativo de todo o processo (sexto encontro), que privilegia o autoconhecimento. O cotejamento das redações indica desenvolvimento do autoconhecimento, apresentando reflexões sobre o crescimento do papel profissional, situando-o no cenário da realidade contemporânea, sobre a qual passou a ter maior percepção, conforme registro.

A participante 11 quis fazer parte do processo desde a primeira notícia sobre ele porque, segundo ela, oportunidades como esta são poucas e confortam. Percebe a empresa, onde trabalha há 23 anos, com sentimentos antagônicos: angustiante por causa das perdas (colegas de trabalho e benefícios, principalmente) e gratificante, porque o ambiente é bom e sente orgulho por ser funcionária da organização. Gosta do seu dia-a-dia e se percebe uma profissional competente e responsável. Durante o processo grupal, teve participação ativa, liderando em alguns momentos, foi criativa e trabalhou bem em equipe. Apresenta boa percepção de características e habilidades do papel profissional, demonstrada na apresentação individual (primeiro encontro), na construção da escultura do papel profissional (terceiro encontro) e na primeira redação. A notícia da privatização dada no quarto encontro causou impacto na participante, que a escolheu como momento mais significativo do processo, percebendo na cena construída para representá-la sua dificuldade em competir e ter uma atitude mais individualista. Na segunda redação, a participante percebe-se "sacudida" ao participar do processo, o que levou a participante a refletir mais, em especial sobre o futuro, uma vez que detectou sua dificuldade em competir, e que é um dado real do mundo do trabalho moderno.

O TRABALHADOR NO MUNDO CONTEMPORÂNEO 143

A participante 12 busca aproveitar todos as oportunidades de aprender coisas novas e se interessou em participar. Espera que o processo de investigação desenhe um cenário da realidade externa à empresa, na qual trabalha há 23 anos, situando o grupo dentro do contexto contemporâneo. Em seu atual momento profissional não se sente muito motivada, pois, por questões de local físico, precisou abandonar um projeto no qual gostava muito de trabalhar. Mudou de lotação e a área atual não apresenta o mesmo dinamismo da anterior. Durante o processo grupal, teve participação ativa, liderando a última construção da imagem do papel profissional (quinto encontro). Não foi possível aferir sua percepção sobre o papel profissional porque, na apresentação individual (primeiro encontro), não fez referência às características e habilidades do papel profissional, atendo-se ao simbolizado pelo papel celofane escolhido. Não compareceu ao terceiro encontro, que focou a escultura do papel profissional. Na primeira redação relacionou e explicou características e habilidades necessárias ao desempenho profissional no dia-a-dia, e na segunda declarou que elas não mudaram, mas que a participante mudou. As mudanças percebidas pela participante em decorrência do processo de investigação relacionam-se com o cenário da contemporaneidade, com a importância da troca entre as pessoas e com a falta de segurança que o emprego hoje representa, indicando a necessidade de evolução permanente.

A participante 13 foi indicada por um superior e avisada de que havia entrevista. Sentiu-se um pouco perdida, mas deseja buscar coisas novas para si mesma e para repassar aos demais. Gosta de trabalhar na empresa, onde está há 13 anos, mas percebe que mudou muito, e com a utilização da informática nas comunicações internas (intranet, e-mail) o lado humano das relações desapareceu. Percebe que as pessoas também se automatizaram, inclusive ela própria, estão mais frias, sem sentimento. "Não sou mais eu, você vai se perdendo mesmo e o ritmo da cidade está muito rápido." Essa percepção da participante 13 vai ao encontro das idéias de Chesneaux, que analisa os efeitos da modernidade nos indivíduos, aumentando a solidão e o sentimento de perder-se de si mesmo. Durante o processo grupal, teve participação medianamente ativa, um pouco reservada, trabalhando bem em equipe.

144 LUCIA ALMEIDA

Apresenta boa percepção do papel profissional relacionando características e habilidades necessárias ao desempenho da profissão demonstrado na apresentação individual (primeiro encontro), na construção da escultura (terceiro encontro) e na primeira redação. Não faz referência ao papel profissional na segunda redação, focando como resultado do processo a necessidade de outros empregados terem oportunidade de treinamentos voltados para o desenvolvimento do papel profissional, pois entende que um grupo saudável apresenta resultados acima do esperado.

A participante 14 não apresenta motivação nem expectativas claras sobre o processo de investigação. Apresenta percepção um pouco confusa sobre a empresa, apesar de seus 18 anos de casa. Sente-se insegura, pois acredita que a empresa pode acabar. Percebe-se com brilho próprio (apresentação individual no primeiro encontro) e denomina sua escultura (terceiro encontro) "Brilho", dizendo-se aberta a novos conhecimentos. Escolheu aperfeiçoar-se para permanecer na empresa (quarto encontro), verbalizando sentimentos pouco confortáveis como "tensão" e "apreensão". Reconhece-se como profissional competente, percepção fundamentada em sua história profissional dentro da empresa. Declarou que terminava o processo sentindo-se "realizada porque vai aplicar o que aprendeu". O cotejamento das redações não indica mudança, apenas a valorização da palavra competência.

A participante 15 apresenta o menor tempo de casa, dois anos, sendo também a mais jovem. Sua motivação e expectativas giram em torno do trabalho em equipe, que considera "superimportante", principalmente porque as pessoas estão cada vez mais individualistas. Apresenta percepção da empresa como um tanto burocratizada e com dificuldades para se modernizar em função da resistência de empregados mais antigos, embora seja muito boa para adquirir experiência. Durante o processo grupal, apresentou interesse, trabalhou bem em equipe, não tendo faltado a nenhum dos encontros. Foi coerente com sua juventude, tanto em tempo de casa como em idade, preocupando-se com a inovação, o crescimento, a aprendizagem. Percebe-se disponível para procurar outro emprego, se necessário, enfatizando a importância de acompanhar as mudanças do mercado de trabalho, voltada para a atualidade (palavra sorteada no quinto encontro), buscando articular e

O TRABALHADOR NO MUNDO CONTEMPORÂNEO 145

intercambiar o que aprende no contexto externo à empresa com a faculdade. Valoriza o autoconhecimento e no cotejamento das redações demonstra conhecer bem sua função (programadora). Foi considerada a revelação do grupo por todos os participantes da pesquisa.

A participante 16 esteve presente apenas nos dois primeiros encontros, não entregou nenhuma das redações, nem justificou a desistência, que pode ser entendida por meio da entrevista, quando apresentou motivos e expectativas confusos e inadequados.

A participante 17 busca atualização e se diz atualmente muito voltada para o operacional. Sente-se motivada porque gosta da área e das pessoas que lá trabalham. Mas está preocupada com a empresa, que percebe "parada", sem perspectiva, temendo que acabe antes de conseguir a aposentadoria. Ainda faltam sete anos, mas afetivamente já está se aposentando, uma vez que se reconhece sem ânimo, demonstrando uma atitude bastante utilitária em relação à empresa. Durante o processo grupal não apresentou participação ativa, não conseguindo denominar a escultura do seu papel profissional. Durante o quarto encontro, escolheu participar do grupo que decidiu procurar emprego, assumindo o papel de recepcionista, o que representava o subemprego para quem não está suficientemente preparado para acompanhar as exigências do mercado de trabalho. O cotejamento das redações não indica mudança no desempenho do papel profissional, apontando apenas a importância da auto-estima para enfrentar "os desafios do dia-a-dia".

A participante 18 trabalha há 16 anos na empresa e busca reciclagem para a função de secretária que, segundo ela, hoje está mais ampla, com novas atribuições, envolvendo trabalho em grupo, atualmente denominada pela empresa gestão interna. Entende que a educação permanente é um problema de todos, empregados e empresa, e espera que o processo traga dinâmicas novas que estão acontecendo no mercado. Percebe a empresa com grande potencial, que se perde em virtude da política interna. O último PDV deixou a empresa desfalcada de empregados, e os que ficaram estão sobrecarregados e insatisfeitos com o salário. Percebe a área em que trabalha indo muito bem e se sente segura. Durante o processo grupal teve uma participação ativa e interessada. No primeiro encontro foi a primeira participante que se apresentou (primeira atividade realizada). À escultura do seu papel profissional (terceiro encontro) deu o nome de "O Eu", assumindo plenamente a autoria do papel profissional e mostrando criatividade na construção da escultura. No quarto encontro fez opção pelo grupo que escolheu permanecer na empresa e percebeu que precisa melhorar o currículo. Sorteou a palavra "assertividade" no quinto encontro e declarou que hoje se percebe assertiva, mas que nem sempre foi assim, vinculando assertividade à maturidade e à autonomia do papel profissional. Mostrou-se coerente durante o processo de investigação, que concluiu com a certeza da necessidade de se manter atualizada e melhorar o currículo. O cotejamento das redações mostra ampliação da consciência dos componentes do seu papel profissional e a percepção da diferença de ritmo entre as pessoas, que passou a respeitar, segundo declara, uma vez que se considera muito dinâmica e foi percebida pelo grupo como uma profissional "elétrica".

A participante 19 considera temas como criatividade e trabalho em equipe fundamentais, o que explica sua motivação para tomar parte da atividade. Espera atualização e inovação, além de apresentar curiosidade. Percebe os empregados muito desmotivados por várias razões, desde baixos salários até tratamento que a empresa dispensa aos concursados propiciando treinamentos que os mais antigos não têm acesso. Sente-se realizada com a função que desempenha (programação), mas acredita que chegou ao último degrau na empresa. Mostrou-se bastante interessada durante todo o processo. A escultura do seu papel profissional denominada "Organização" (terceiro encontro) demonstra contradição entre a fala "pessoa aberta" e os dois objetos utilizados na construção, colocados fechados e superpostos. Aceita a possibilidade de sair da empresa (quarto encontro) e está disposta a fazer escolhas, expressão sorteada no quinto encontro, pois combina com sua história de vida profissional. O cotejamento das redações reforça a percepção de que a organização é um componente importante para o desempenho do seu papel profissional. Percebe a necessidade constante de atualização por meios diversos e sobretudo a consciência da importância da não-acomodação.

O TRABALHADOR NO MUNDO CONTEMPORÂNEO   147

A participante 20 considera a criatividade fundamental, em particular na área que está lotada atualmente (comunicação social), esperando desenvolvê-la mais, bem como trabalho em equipe. Entende a empresa por dois ângulos distintos: o dos recentes escândalos divulgados pela mídia e a excelente competência técnica reconhecida pelos clientes. Mostrou-se interessada e criativa durante o processo. Na concretização das expectativas realizadas no primeiro encontro, liderou a construção do "Bastão de Compartilhamento", que simbolizou a importância do trabalho individual no trabalho em equipe. A escultura do seu papel profissional (terceiro encontro) foi criativa e original, indicando autoconhecimento e percepção dos componentes do seu papel profissional. Durante o quinto encontro liderou a construção da imagem (árvore) que buscou sintetizar os componentes universais do papel profissional. O cotejamento das redações mostra clareza no reconhecimento dos componentes do seu papel profissional e das atribuições e funções relativas ao desempenho deste. Reforça a preocupação com a importância dos resultados do trabalho em equipe.

Do ponto de vista dos indicadores, podemos dizer que houve desenvolvimento da espontaneidade e da criatividade, em conformidade com enfoque moreniano, com base nos resultados dos encontros e na verbalização dos participantes. O desenvolvimento da capacidade dos participantes em trabalhar em equipe e o reconhecimento de sua importância para o trabalhador moderno, que segundo Castells é quesito fundamental no desempenho do papel profissional na sociedade em rede, permeou todo o processo. Por meio das verbalizações dos participantes, assim como pelos resultados obtidos no decorrer do processo grupal relatado e o cotejamento das redações podemos verificar essa informação. É importante assinalar que o trabalho em equipe foi vivenciado por meio da estratégia do diretor de estabelecer pequenos grupos constituídos por meio de orientações diferentes, como tempo de casa (segundo encontro), afinidade com o conteúdo (primeiro, quinto e sexto encontros), perspectivas de empregabilidade no caso de privatização da empresa (quarto encontro), propiciando rotatividade na constituição dos grupos por meio de critérios sociométricos e possibilitando desenvolvimento da tele, da espontaneidade e da criatividade, bem como do já mencionado trabalho em equipe.

148 LUCIA ALMEIDA

Quanto ao autoconhecimento, podemos verificar sua presença no cotejamento das redações, nas atividades realizadas no decorrer do processo e, principalmente, no resultado apresentado no último encontro, quando metade dos participantes da pesquisa escolheu o terceiro encontro como o momento mais significativo, simbolizado por uma flor que foi denominada "o desabrochar do autoconhecimento".

O único momento de construção coletiva de todo o grupo aconteceu durante o quinto encontro, quando decidiram espontaneamente, isto é, por iniciativa dos participantes e não por orientação do diretor, reunir todos os componentes do papel profissional que estavam sendo explorados. O diretor sugeriu que construíssem uma imagem para simbolizar essa reunião dos componentes do papel profissional, porque de acordo com os níveis de aprendizado do método educacional psicodramático, o simbólico possibilita a síntese, segundo explicado por Romaña. Nesse momento aconteceu um episódio axiodramático, uma vez que envolveu valores coletivos. A tentativa não foi bem-sucedida, pois o grupo não conseguiu chegar a um consenso, compreensível porque foi um grupo que não circularizou. Nesse ponto vários aspectos da teoria moreniana que fundamentam este trabalho precisam ser articulados para maior clareza e compreensão do andamento da investigação realizada, que visou atender ao tema deste projeto ao colocar o papel profissional em cena por meio da abordagem psicodramática.

Conforme mencionado no capítulo referente à metodologia, privilegiamos o jogo dramático no planejamento desse processo. Mas utilizamos, conforme relato e análise do processo grupal, outros recursos da socionomia, como o "jornal vivo" e suas variantes, o método educacional psicodramático e as técnicas de solilóquio e espelho. Entendemos que nos aproximamos do que Romaña denominou didática sociodinâmica ou, dito de outra forma, aplicamos uma didática socionômica, uma vez que aplicamos a maioria dos recursos socionômicos constituintes da teoria moreniana.

No jogo de papéis psicodramáticos realizado por meio da construção de cenas levadas ao contexto dramático, como, no primeiro encontro, para correlacionar a realidade da empresa à reali-

O TRABALHADOR NO MUNDO CONTEMPORÂNEO 149

dade contemporânea contida no texto, os participantes trazem elementos do seu cotidiano, da conserva cultural, e por meio da dramatização alcançamos liberação da espontaneidade, de sentimentos e sensações, os quais, uma vez liberados, revitalizam o papel profissional. São ao mesmo tempo atores e autores da história empresarial que compartilham e os afeta. Aqui cabe explicar que não trabalhamos com *role-playing* porque não colocamos os papéis sociais em cena. Fizemos essa opção metodológica por alguns motivos: a carga horária disponível (18 horas) era pequena; os participantes eram provenientes das mais diferentes áreas da empresa e não havia o objetivo de transformá-los em uma equipe de trabalho; e porque visamos colocar o papel profissional em cena, buscando otimizar seu desempenho diante dos desafios da modernidade. Por isso não colocamos como objeto da investigação o desenvolvimento do papel profissional, que em linguagem psicodramática significa estar apto a inverter papéis, conforme a teoria de matriz de identidade. Esse grupo de pesquisa não chegou a essa fase porque não fazia parte do nosso objetivo. Buscamos desenvolver o autoconhecimento, a espontaneidade e criatividade, impulsionar a auto-estima, a autoconfiança e nutrir o grupo com informações, de forma que tudo somado permitisse a cada participante construir uma base para continuar o processo de desenvolvimento, numa perspectiva de empregabilidade.

Todo grupo tem início na fase do caótico indiferenciado, mas como os participantes já se conheciam, essa fase foi rapidamente superada. Não foi difícil aquecer o grupo, até porque a entrevista e a primeira redação já iniciaram o processo de aquecimento individual. Ao realizar o levantamento de expectativas no primeiro encontro, os participantes se integram sendo estabelecidos objetivos comuns para o desenvolvimento do processo de investigação e aquecimento do grupo. Critérios diferentes de formação dos subgrupos são utilizados pelo diretor, conforme mencionamos acima, que busca criar condições para maior conhecimento sobre o outro, desenvolvimento da percepção do outro, por meio da troca de opiniões e experiências, o que é sempre enriquecedor como aprendizagem. O próprio grupo aprecia a diversidade de critérios adotados para formação dos subgrupos e comenta, durante o compartilhamento, que encerrou um dos encontros. Observamos ensaios espontâneos de inversão de papéis e movimentos pontuais de circularização nos subgrupos, indicando evolução no processo de desenvolvimento do papel profissional, o que prepara os participantes para o trabalho em equipe. Os participantes reconhecem o movimento e verbalizam sua importância.

Os participantes tomaram parte no processo buscando aprender, atualizar-se, reciclar-se, conhecer melhor a si mesmo e elaborar planos profissionais diversos, de conformidade com suas carreiras, momentos profissionais e expectativas em relação ao futuro profissional. A tônica desse grupo esteve no reconhecimento de si mesmo, no resgate da própria identidade. Foi propiciado o desenvolvimento do reconhecimento do outro por meio do compartilhamento realizado em todos os encontros, bem como pelas atividades em grupo que acompanharam todo o processo.

Observamos também que uma parcela dos participantes percebeu que a autoria do papel profissional é de sua competência, e não da empresa, eliminando a mistura entre função e papel, comum aos empregados, particularmente daqueles que permanecem muito tempo na mesma empresa, clarificando a idéia de que o papel profissional não é da empresa, e sim do participante e que poderá ser desempenhado sob várias situações. Ao separar função e papel, o participante ganha em autonomia, criatividade, autoconfiança, reduzindo a alienação que se instala quando se perde a espontaneidade. Lidar com a realidade é fundamental para o processo de construção de conhecimento e desenvolvimento dos participantes, tanto individual como coletivamente. A vivência da emoção libera o participante, criando condições para o crescimento, para mudanças, para o novo, para desafios, para a transformação.

O conjunto de informações obtido durante o processo de investigação, constituído pelas entrevistas, redações e pelo processo grupal, mostrou-se rico e realista em relação ao mundo do trabalho contemporâneo, apresentando algumas alternativas para a mudança dessa realidade. Sem a expectativa de esgotar todos os momentos do processo que exemplificam essa percepção, buscamos articular alguns.

A questão da precarização do trabalho tratada por Antunes no que se refere ao Brasil e que Castells denomina flexibilização do

O TRABALHADOR NO MUNDO CONTEMPORÂNEO   151

trabalho para os países do G-7 aparece durante o processo de investigação, no quarto encontro, em cena que abordava a busca de novo emprego. O sofrimento subjetivo tratado por Dejours surge nas entrevistas (participante 1, 2, 4, 11, 14 e 17) em relação: ao medo do desemprego por meio de redução do quadro de empregados; à perda da auto-estima, da autoconfiança provocadas por novas atribuições surgidas em face das mudanças internas no modelo de gestão; às perdas representadas pela saída de colegas de trabalho nos três programas de demissão voluntária – PDV promovidos pela empresa, modificação dos benefícios, em particular alteração no plano de saúde que a empresa oferece, alteração no plano de previdência privada da empresa; às desigualdades no tratamento dispensado aos empregados pelas diferentes unidades de gestão, por exemplo na folga do Natal, o que gera desmotivação, principalmente quando os salários estão ruins. Algumas dessas questões também surgiram durante o processo grupal.

O uso excessivo da informática leva ao individualismo, ao isolamento, ao desaparecimento do lado humano nas relações, à perda de si mesmo, conforme depoimento da participante 13 na entrevista, aspectos que foram cuidadosamente analisados por Chesnaux, mencionado no Capítulo 1 deste trabalho, e que também representa sofrimento para os empregados. O aspecto do aumento da individualidade aparece também no primeiro encontro em cena construída sobre a realidade cotidiana da empresa. Ao final do processo, alguns participantes propuseram alternativas de solução para alguns desses problemas, como: conhecer melhor as pessoas do ambiente organizacional (participante 2), importância das relações (participante 12), o valor da troca de experiências (participante 1), buscar ajuda dos outros (participante 6), mudança de atitude no dia-a-dia (participante 8), dialogar mais com os colegas (participante 15), maior respeito às diferenças entre as pessoas (participante 18), melhoria do trabalho em equipe (participante 20).

O autoconhecimento é percebido como o fator mais significativo para a melhoria do desempenho do papel profissional, trabalhado ao longo de todo o processo e exemplificado de forma mais evidente sobretudo no terceiro e sexto encontros. O autoconhecimento é indispensável para reconhecimento e aplicação dos componentes do papel profissional, respeito aos próprios limites e preparação para reconhecimento do outro.

Do ponto de vista da teoria de matriz, a escolha do autoconhecimento como fator mais significativo de todo o processo indica que o grupo está na primeira fase da matriz, em busca da construção e manutenção da identidade profissional, caminhando para a percepção do outro. Esse caminhar pode ser exemplificado pelo "amigo secreto", que foi uma atividade espontânea, sugerida por um participante e acolhida por todos. O diretor só interferiu na definição da orientação que relacionava o presente a ser dado com o papel profissional, por meio da percepção de quem havia sorteado, visando aproveitar a espontaneidade do grupo para treinar o reconhecimento do outro.

Observamos momentos de circularização no segundo encontro durante o trabalho dos subgrupos que construíam máquinas para simbolizar os tempos históricos do papel profissional, em especial, o futuro, quando já havia um caminho percorrido pela construção das outras máquinas, que simbolizaram o passado e o presente. Observamos uma tentativa de circularização de todo o grupo, quando um dos participantes propôs que fosse feita uma única imagem que simbolizasse o papel profissional e todos os componentes e valores que estavam em discussão. É interessante recordar que o primeiro movimento do grupo para a construção da imagem foi uma roda com todos os participantes dando-se as mãos. Mas como não foi satisfatória, procuraram outras alternativas, que foram a árvore e uma escultura inspirada no monumento à bandeira situado no parque do Ibirapuera. A dificuldade de circularizar, nesse momento, parece-nos indicar que os componentes do papel profissional não estão suficientemente conhecidos, organizados, inter-relacionados, no sentido de possibilitar um desempenho profissional de forma harmônica e sem conflitos internos. Não podemos falar ainda de desenvolvimento do papel profissional de acordo com o enfoque psicodramático, pois o momento é de reconhecimento de si.

A educação foi percebida pela maioria dos sujeitos como uma grande necessidade, compreendendo processos de reciclagem, crescimento, atualização, aprendizagem, apresentando-se como a melhor forma para se prepararem para os desafios da modernidade. A educação também foi percebida em suas dimensões cognitiva, afetiva e social. Por meio da educação entendem que se tornam mais aptos a buscar alternativas para seus respectivos momentos históricos e singularidades. Nesse sentido, trabalhamos com a perspectiva de educação permanente e continuada, com o autodesenvolvimento, como alternativas de práticas educacionais.

As profundas transformações que vêm ocorrendo no mundo do trabalho afetam a subjetividade do trabalhador, sua forma de ser e de agir de acordo com as análises de Chesneaux e Antunes e de acordo com o que foi possível observar durante a investigação realizada. A subjetividade humana constituiu o próprio paradigma dessa investigação, ou seja, por meio da reflexão da realidade vivida pelos participantes, tanto no contexto interno organizacional como no ambiente externo, nacional e global, assim como das emoções, sensações, dos valores e sentimentos, foi estruturada a construção do conhecimento nesse processo de pesquisa. Dessa forma, explica-se a aplicação do nível simbólico em vários momentos do processo de pesquisa, particularmente no quarto e quinto encontros, quando trabalhamos com elementos universais que conferem a validade conceitual. Segundo Romaña, este nível propicia aprendizagem em grau mais elevado do que o nível da realidade, esforço que é realizado em grupo e contribui para alcançar a conceitualização desejada. Do ponto de vista desse pesquisador, consideramos o nível simbólico apropriado ao estudo da subjetividade humana.

Adotando a didática socionômica, percorremos em cada encontro as etapas de uma sessão, realizando aquecimento, dramatização e comentários. Foi interessante observar que a avaliação de reação realizada ao final de cada encontro e apresentada de forma consolidada no início do encontro seguinte assumiu a função de aquecimento. Os comentários feitos pelos participantes, estimulados pelo diretor, passaram a funcionar como aquecimento do grupo, que, ao resgatar sensações, percepções e sentimentos do encontro anterior, mostrava-se preparado para continuar o processo de investigação.

O ego-auxiliar teve atuação efetiva no quarto e quinto encontros, quando realizou espelho com os participantes. Ao final do terceiro encontro (escultura do papel profissional) em razão da grande emotividade apresentada pelos participantes, foi feito um tipo de encerramento, conduzindo uma atividade física que visou reenergizar o grupo por meio da troca mútua de massagens e relaxamento. Sua participação foi muito importante como observador atento, complementando o diretor na etapa de comentários ao longo do processo de investigação. Também assumiu a ingrata função de registrar os encontros, que sabemos não é atribuição precípua do ego, porém foi a solução encontrada nesse caso. A parceria entre diretor e ego-auxiliar foi bastante satisfatória, tendo havido de fato complementariedade na relação da unidade funcional.

As avaliações de reação realizadas ao final de cada encontro tiveram a função de fornecer dados à unidade funcional quanto à evolução do grupo, nos aspectos afetivo e cognitivo. Afetivo quando era solicitado o sentimento do sujeito, e cognitivo quando era solicitado que o encontro fosse qualificado. Solicitar o afetivo visava também treinar os participantes a identificarem seus sentimentos, tarefa que constatamos ser difícil, mas que consideramos ser de suma importância para o desenvolvimento do sujeito, no sentido de reconhecer os próprios sentimentos e assumi-los. Nesse processo investigativo, a avaliação de reação terminou por assumir a tarefa de aquecimento do grupo, conforme já mencionamos. A íntegra das avaliações de reação encontra-se ao final do registro de cada encontro, no Anexo 3.

Considerações finais

O cenário da realidade contemporânea contextualiza o trabalhador moderno, oferecendo uma moldura para o mundo do trabalho e para os desafios que o trabalhador empregado precisa enfrentar. As profundas mudanças que vêm ocorrendo no mundo do trabalho pelo processo de globalização, pelo advento das novas tecnologias e pela reestruturação produtiva requerem a recriação, revalorização do trabalhador, potencializando-o no que possui de essencial segundo a visão moreniana, sua espontaneidade e criatividade. Moreno entendia que o homem teme a espontaneidade, tendo privilegiado o desenvolvimento da inteligência e da memória, conseqüentemente das conservas culturais que lhe dão sustentação. Moreno acreditava que a espontaneidade e a criatividade teriam explodido ao final do século XX como a maior conquista do homem. A profecia de Moreno não se cumpriu, mas de acordo com os autores estudados, entre eles Castells e Martínez, a criatividade hoje é quesito indispensável ao desempenho profissional na contemporaneidade. E para Moreno, só o homem criativo sobreviverá.

O cenário do mundo do trabalho brasileiro fica cada vez mais complexo, fragmentado, e precarizado, institucionalizando-se a terceirização, a subcontratação, o trabalho temporário e a redução de contratos de trabalho com carteira assinada. A informalidade atinge mais de 50% do mercado de trabalho do país. Há não muito tempo essa situação dizia respeito à mão-de-obra menos qualificada. Atualmente essa realidade inclui profissionais qualificados e de alta renda. Rapidamente o mundo do trabalho sofreu transformações radicais que o trabalhador necessita acompanhar.

Essas transformações afetaram diretamente o trabalhador do ponto de vista material (redução da renda ou desemprego) e no aspecto subjetivo (auto-estima e autoconfiança abaladas, insegurança, sofrimento). E o mercado de trabalho impõe novas habilidades e atitudes como inovação, trabalho em equipe, autonomia etc. Essa situação conflituosa, contraditória, é típica da modernidade e pode gerar crise de identidade profissional, mas também gera novos desafios, envolvendo homens e mulheres de todas as faixas etárias. Para fazer frente a essa situação, o homem moderno necessita refletir e encontrar alternativas consigo próprio, a fim de não se perder de si mesmo, como assinala Chesneaux. Encontrar novas e adequadas formas de atuação social e profissional, visando a construção e manutenção da identidade do papel profissional é um desafio. Refletir e reconhecer os componentes desse papel, que são flexíveis e mutáveis, adequando-se aos movimentos de mudança próprios da vida atual, dando suporte ao desempenho do papel, ao longo de todo o percurso profissional do indivíduo, é uma alternativa de empregabilidade.

Nessa perspectiva, a teoria socionômica e os recursos e as técnicas que disponibiliza mostram ser uma forma sistematizada de propiciar esse encontro do homem consigo mesmo, com o outro, a desenvolver a compreensão de si mesmo por meio do outro. A didática sociodinâmica, que contém o método educacional psicodramático, propicia uma aprendizagem coletiva e individual, libertadora da espontaneidade e da criatividade fundamentais para o crescimento do indivíduo, tornando-o capaz de dar respostas transformadoras à realidade.

Torna-se cada dia mais importante desenvolver uma consciência crítica, a fim de que o sujeito possa assumir seu papel de autor e ator na vida profissional. Para tanto, desenvolver a criatividade, a espontaneidade e o autoconhecimento é absolutamente indispensável para sobrevivência profissional no cenário da realidade contemporânea. A educação permanente como prática educativa empresarial é uma resposta às mudanças que vêm ocorrendo no mundo do trabalho e aos novos saberes que se fazem necessários ao desempenho do papel profissional. Esses saberes dizem respeito ao domínio cognitivo onde os conhecimentos técnicos permanecem indispensáveis, e ao social que adquiriu impor-

O TRABALHADOR NO MUNDO CONTEMPORÂNEO   157

tância capital, surgindo uma nova noção de competência. E essa competência pode ser desenvolvida por meio da socionomia. O processo de investigação realizado forneceu momentos, depoimentos, reflexões que exemplificam essa abordagem como capaz de propiciar a recriação de atitudes sustentadoras ao desempenho do papel profissional no cenário da realidade contemporânea. Dito de outra forma, o psicodrama pedagógico contribui efetivamente para o desenvolvimento da reflexão e a recriação de atitudes necessárias ao desempenho do papel profissional, posto em xeque pelos desafios e pelas contradições da modernidade, contribuindo para o resgate e a reconstrução da identidade profissional.

O enfoque educacional da socionomia apresenta uma estrutura metodológica e filosófica que possibilita a expressão de sentimentos pouco aceitos socialmente como medos, dúvidas, competitividade, este último particularmente difícil de ser reconhecido no âmbito organizacional. Realizar uma intervenção psicodramática em uma organização é tarefa delicada que requer planejamento cuidadoso para que os objetivos sejam atingidos e represente crescimento para o grupo.

Algumas considerações merecem ser feitas nesse momento, com base em minha própria história de aplicação da socionomia em organizações. A primeira delas refere-se à primeira etapa de uma intervenção organizacional – ela precisa ser planejada – que é definir claramente o objetivo a ser alcançado – aonde queremos chegar com o nosso trabalho? Não podemos perder de vista que estamos realizando um processo educacional, não podemos extrapolar os limites do pedagógico, por mais tentador e óbvio que seja para nós. O contexto grupal mais significativo é o da organização, e o grupo de participantes estabelece relações efêmeras e utilitárias, de acordo com a duração do evento – que, nesse caso, teve apenas 18 horas, o que é pouco. Não podemos esquecer que os participantes trabalham na mesma instituição, em geral encontram-se diariamente e não querem ser desnudados diante dos colegas de trabalho. Isso requer bom senso, sensibilidade, ética e foco por parte do diretor, além de sólida formação teórica e prática na teoria moreniana. A opção por jogos dramáticos, cenas-fantasia, metáforas, pelo simbólico, como no caso do presente trabalho, é porque representam uma forma eficaz de intervenção que emociona, mas não ameaça. A riqueza da estrutura teórico-filosófica e metodológica criada por Moreno, acrescida por contribuições como as de Romaña, abre um imenso leque de alternativas de trabalho com grupos, de forma criativa, em que o ponto essencial, a nosso ver, é o desenvolvimento do autoconhecimento, conduzir o grupo a perceber diferenças e descobrir a possibilidade de conviver com elas, o que pode ser enriquecedor. Não estamos dizendo que não devamos utilizar o *role-playing* nas oganizações, mas a realização de cenas com base em relatos do contexto organizacional requer uma intervenção de mais longo prazo, processual, que percorra o ciclo de desenvolvimento interpessoal – do conhecimento de si mesmo, do outro, do grupo e, finalmente, da equipe. Consideramos também importante realizar as intervenções com intervalos de tempo – por exemplo uma semana – entre uma e outra, o que propicia maior reflexão e possibilidade de desenvolvimento, estabelece vínculos mais fortes, analogias com a realidade do dia-a-dia, confiança maior entre o grupo, com o diretor e com o ego-auxiliar, quando o temos. No caso do processo de investigação realizado, o foco foi estabelecido segundo os indicadores definidos, visando propiciar aprendizagem de si mesmo, sobre o outro, nutrir o grupo com informações estruturadas, fornecendo enfoques teóricos novos e atuais que agregassem valor ao trabalho psicodramático. Nesse sentido, a escolha do tema empregabilidade visou também potencializar o sujeito, uma vez que as informações (dicas) fornecidas têm como referencial o indivíduo. É um esforço que só depende dele e cujo resultado será favorável a ele, ao grupo de trabalho do qual estiver participando e ao contexto empresarial ao qual estiver vinculado.

O conjunto de métodos e técnicas da socionomia, acrescido de conteúdos temáticos relacionados ao objetivo da intervenção, propicia reflexão, aprendizagem e crescimento dos sujeitos. Uma intervenção organizacional pode ser construída por meio da combinação de recursos e técnicas socionômicas, de acordo com o objetivo que se deseja atingir. O processo de investigação realizado como parte empírica deste trabalho representa uma forma de combinar o que a teoria moreniana oferece ao psicodramatista educador.

O TRABALHADOR NO MUNDO CONTEMPORÂNEO   159

A investigação realizada possuiu como tema protagônico o papel profissional, que foi abordado por vários ângulos. Resgatamos sua evolução numa perspectiva histórica; abrimos espaço para que cada participante percebesse o próprio papel profissional e os componentes que o sustentam, num exercício de autoconhecimento; e propiciamos um momento para que o grupo refletisse sobre o futuro, numa perspectiva de empregabilidade. Para realizar essa trajetória, tivemos sempre presentes como meta educacional oferecer situações que treinassem a espontaneidade e desenvolvessem a criatividade, individual e coletiva. O estímulo ao autoconhecimento também foi uma constante nesse processo, uma vez que, por meio do seu desenvolvimento, o sujeito encontra sustentação para o desempenho de seus papéis sociais. As atividades planejadas visaram também estimular o trabalho em equipe e propiciar a discussão do tema por meio da vivência, a fim de possibilitar a reflexão sobre ele, uma vez que é requisito indispensável para o trabalhador moderno. Também nos preocupamos em nutrir o grupo com informações estruturadas que permitissem reflexão e ampliação das perspectivas profissionais. Buscamos criar condições para que cada sujeito fosse protagonista da própria aprendizagem, o que está demonstrado pelos dados analisados e os resultados obtidos ao longo do processo realizado. Essa aprendizagem ocorreu, em maior ou menor grau, de acordo com a disponibilidade interna de cada um em abandonar as conservas culturais, com a vontade de crescer e se desenvolver.

Acreditamos que este conjunto de atividades – treino da espontaneidade, desenvolvimento da criatividade, ampliação do autoconhecimento, vivência do trabalho em equipe, estímulo à reflexão, troca de experiências, percepção da realidade, articulação do afetivo e do cognitivo com o corporal, liberação de sentimentos e emoções, descobertas pessoais e coletivas – foi possível graças ao arcabouço filosófico, teórico e prático da socionomia.

O mundo do trabalho moderno requer indivíduos capazes de criar e recriar, de descobrir novas formas de atuação, de encontrar, em si mesmos, recursos que possibilitem a adequação ao mundo contemporâneo, que sobrevivam a essa dura realidade.

Moreno propôs sua teoria visando trabalhar com grupos, como um recurso capaz de possibilitar a reorganização das pessoas no ambiente em que atuam. Proporcionar um ambiente institucional no qual as pessoas possam criar, crescer, produzir, manter suas individualidades e preservar suas identidades deve ser uma preocupação das empresas modernas. Esse esforço é positivo para a empresa e para quem nela trabalha, gerando benefícios individuais e organizacionais. Nesse sentido, a socionomia apresenta-se como prática educacional para o processo de educação permanente.

Bibliografia

ANTUNES, Ricardo. *Os sentidos do trabalho – Ensaio sobre a afirmação e a negação do trabalho.* São Paulo: Boitempo, 1999.

_____. *Adeus ao trabalho? Ensaio sobre as metamorfoses e a centralidade do mundo do trabalho.* São Paulo/Campinas: Cortez/Unicamp, 1995.

BELLO, M. Carmen. *Introducción al psicodrama. Guía para leer a Moreno.* México: Colibrí, 2000.

BERMAN, Marshall. *Tudo que é sólido desmancha no ar – A aventura da modernidade.* São Paulo: Companhia das Letras, 1989.

BJUR, W.; CARAVANTES, G. R. *et al. Reengenharia ou readministração? – Do útil e do fútil nos processos de mudança.* Porto Alegre: AGE, 1994.

BUENO, J. H. *Autodesenvolvimento para a empregabilidade: sobrevivendo e prosperando numa sociedade sem emprego.* São Paulo: LTR, 1996.

BUSTOS, Dalmiro M. *Novas cenas para o psicodrama.* São Paulo: Ágora, 1999.

CABRERA, L. C. "Pronto para ser contratado". *Veja.* São Paulo: Abril, n. 1, p. 80, 2000.

CASTELLS, Manuel. *A sociedade em rede.* Rio de Janeiro: Paz e Terra, 1999.

CHESNEAUX, Jean. *Modernidade-mundo.* Petrópolis: Vozes, 1995.

DATNER, Yvette B. "Jogando e aprendendo a viver". In: MOTTA, Júlia M. C. *et al. O jogo no psicodrama.* São Paulo: Ágora, 1995.

DEJOURS, Chirstophe. *A banalização da injustiça social.* 3. Ed. Rio de Janeiro: FGV, 2000.

EDITORIAL da *Folha de S.Paulo.* Mais trabalho. *Folha de S.Paulo.* São Paulo, 8 jun. 2000.

ESCÓSSIA, F.; CLEMENTE, I. *Folha de S.Paulo.* Sucursal do Rio, 21 jul, 2000.

FELÍCIO, V. L. G. "A ação teatral: espaço da ambivalência, tempo da reciprocidade". *Psicologia USP*, São Paulo, v. 5, n.1/ 2, 1994.

162 LUCIA ALMEIDA

FIGUEIREDO, L. C. M. "A questão da alteridade na teoria da sedução generalizada de Jean Laplanche". *Psicologia USP*, São Paulo, v. 5, n.1/ 2, 1994.

FONSECA FILHO, J. S. *Psicoterapia da relação*. São Paulo: Ágora, 2000.

_____. *Psicodrama da loucura*. 4. ed. São Paulo: Ágora, 1980.

FRAYZE-PEREIRA, J. A. "A questão da alteridade" *Psicologia USP*, São Paulo, v. 5, n.1/ 2, 1994.

FREIRE, Paulo. "Criando métodos de pesquisa alternativa: aprendendo a fazê-la melhor através da ação". In: BRANDÃO, C. R. (org.). *Pesquisa participante*. São Paulo: Brasiliense, 1981.

GIDDENS, Anthony. *As conseqüências da modernidade*. São Paulo: Unesp, 1991.

GIOSA, L. A. *Terceirização: uma abordagem estratégica*. 5. ed. São Paulo: Pioneira, 1997.

GONÇALVES, C. S.; WOLFF, J. R.; ALMEIDA, W. C. *Lições de psicodrama*. 3. ed. São Paulo: Ágora, 1988.

GONZÁLEZ REY, F. L. "A investigação sobre a subjetividade humana: algumas questões para debate". In: *Anais do I Simpósio Multidisciplinar Pensar, criar e transformar*. São Paulo: Unimarco, 2000.

GONZÁLEZ REY, F. L.; MARTÍNEZ, A. M. *La personalidad: su educación y desarrollo*. 3. ed. Cuba: Pueblo y Educación, 1999.

IANNI, Octavio. *A era do globalismo*. Rio de Janeiro: Civilização Brasileira, 1996.

KAUFMAN, Arthur. *Teatro pedagógico – bastidores da iniciação médica*. São Paulo: Ágora, 1992.

MARINEAU, R. F. *Jacob Levy Moreno, 1889-1974: pai do psicodrama, da sociometria e da psicoterapia de grupo*. São Paulo: Ágora, 1992.

MARTÍNEZ, A. M. "Pensar, crear y transformar: desafíos para la educación". In: *Anais do I Simpósio Multidisciplinar Pensar, Criar e Transformar*. São Paulo: Unimarco, 2000.

MINARELLI, J. A. *Empregabilidade: o caminho das pedras*. São Paulo: Gente, 1995.

MONTEIRO, Regina F. *Jogos dramáticos*. 3. ed. São Paulo: Ágora, 1994.

MORAES, A. E. "Um bom começo!" *Folha de S.Paulo*. São Paulo, 14 maio 2000.

MORENO, J. L. *Psicodrama*. 12. ed. São Paulo: Cultrix, 1997.

_____. *Quem sobreviverá ?* Goiânia: Dimensão, 1992, 3 v.

_____. *Psicodrama*. Buenos Aires: Hormé, 1972.

MORIN, Edgar. *Os sete saberes necessários à educação do futuro*. São Paulo/Brasília: Cortez/Unesco, 2000.

MOSCOVICI, Fela. *Renascença organizacional*. Rio de Janeiro: LTC, 1988.

O TRABALHADOR NO MUNDO CONTEMPORÂNEO 163

NAFFAH NETO, A. *Psicodrama – descolonizando o imaginário*. São Paulo: Brasiliense, 1979.

OLIVEIRA, R. D; OLIVEIRA, M. D. "Pesquisa social e ação educativa: conhecer a realidade para poder transformá-la". In: BRANDÃO, C. R. (org.). *Pesquisa participante*. São Paulo, Brasiliense, 1981.

PASTORE, J. "O trabalho na virada do século". *Folha de S.Paulo*, caderno Empregos, São Paulo, 2 jan. 2000.

RIAU, S. "Mercado terceiriza especialistas". *Folha de S.Paulo*, caderno Empregos. São Paulo, 2 jan. 2000.

ROJAS-BERMÚDEZ, J. G. *Introdução ao psicodrama*. São Paulo: Mestre Jou, 1970.

ROMAÑA, M. A. *Do psicodrama pedagógico à pedagogia do drama*. Campinas: Papirus, 1996.

_____. *Construção coletiva do conhecimento através do psicodrama*. Campinas: Papirus, 1992.

_____. *Psicodrama pedagógico*. Campinas: Papirus, 1985.

TEIXEIRA, J. E. A busca do elo perdido na qualidade de vida no trabalho. In: CASALI, A. (org.) *et al. Empregabilidade e educação: novos caminhos no mundo do trabalho*. São Paulo: Educ, 1997.

VAZ, Paulo; SODRÉ, Muniz. "O que será o amanhã?" *Jornal do Brasil*, revista Domingo, Rio de Janeiro, n.1235, 2 jan. 2000.

VEIGA, A. "Tempos modernos". *Veja*. São Paulo: Abril, ed. 1643, n. 14, 5 abr. 2000.

VITULE, M. L. *Guia de viagem: cultura e mundo contemporâneo*. São Paulo: Unimarco, 1999.

YOZO, R. Y. K. *100 Jogos para grupos*. São Paulo: Ágora, 1996.

ANEXO 1

Modelo da ficha de inscrição

Nome: ....

Idade: ....

Escolaridade: ....

Atividade profissional: ....

- Tempo na empresa: ....

- Cargo/função: ....

Outras experiências profissionais (tempo; cargo/função):

Obs.: As informações relativas ao item "Outras experiências profissionais" foram transformadas em dados quantitativos, constantes nas colunas "Tempo em informática" e "Outros empregos", no Quadro 1, Capítulo 3.

ANEXO 2

Modelo do termo de aceite

Estou informado e aceito participar de um projeto de pesquisa sobre o desenvolvimento do papel profissional, com a direção de Lucia Maria de Almeida, e aceito também que o andamento do processo grupal seja divulgado por meio de dissertação de mestrado, artigo ou livro. Essa divulgação limita-se ao conteúdo do processo grupal, não havendo divulgação de nome ou imagem do participante.

São Paulo   de   de 2000.

_____

(assinatura do participante)

ANEXO 3

Registro dos encontros

Primeiro encontro

Data: 26/10/00

O primeiro momento do encontro foi voltado para a integração dos participantes e o levantamento das expectativas. Para tanto, escolhemos um jogo que foi realizado em duas etapas. Os resultados obtidos na primeira etapa, que visou a integração e apresentação dos participantes, estão descritos a seguir, na ordem em que ocorreram:

A participante 18 criou um triângulo em papel de seda azul. O azul, segundo verbalização da participante, representava o céu, o Sol e também a liberdade. O triângulo, segundo ela, foi escolhido por ter três lados, que é um número ímpar. A participante afirma gostar de números ímpares porque estão relacionados à filosofia oriental. Percebe-se como uma profissional que possui clareza, amizade e transparência.

A participante 4 construiu um quadrado sem pontas em papel de seda azul.

Afirma que queria lilás, mas não tinha. Percebe-se transparente, conservadora, não uma pessoa fechada (daí o arredondado das pontas), tem como entrar.

A participante 12 escolheu um papel celofane vermelho e não alterou o formato original (retângulo) porque "se quisesse fazer algo, o papel já estaria pronto". Segundo ela, o vermelho desperta luz, vida, paixão, e a textura do papel (celofane) é macia.

A participante 1 escolheu um papel celofane rosa porque a cor lembra a feminilidade, c em forma de retângulo. Considera-se feliz e realizada profissionalmente, e pretende se aposentar como secretária, que é o seu cargo hoje. Diz que acha o lado "mãe" importante para o seu papel porque lida muito com homens, que são mais frios. Percebe que contribui e recebe *feedbacks* positivos por seu lado feminino. Relata que pretendeu dobrar o papel (embora não o tenha feito) porque associou com presente, declarando que gosta de doar-se às pessoas.

A participante 3 construiu um triângulo com papel jornal. Diz que escolheu esse papel porque pode sempre ser melhorado, transforma-se em outro e tem muitas utilidades. Afirma ter optado pelo triângulo porque gosta de ter base para aprender sempre e ampliar.

A participante 14 construiu um cone dourado com papel laminado. Segundo ela escolheu o dourado porque cada um tem que ter brilho próprio, e o formato de cone porque "gosta de ver o desenrolar das coisas".

A participante 11 escolheu um papel de seda amarelo-claro em forma de quadrado. De acordo com ela, o papel foi escolhido pela textura, e a cor, porque adora amarelo suave. Diz ainda que gosta de tons claros, que não agridem. Segundo verbalização da participante, explica que escolheu o quadrado porque se percebe conservadora, embora goste do novo também. E complementa afirmando que um pedaço do mesmo papel foi guardado (ficou ao lado) porque poderia utilizar mais tarde. Tem o hábito de não descartar logo as coisas, e as pessoas buscam com ela materiais pouco comuns hoje em dia, como papel-carbono. Percebe-se como previdente e possui senso de organização. Conclui dizendo que adora o que faz e gosta de lidar com as pessoas.

A participante 9 escolheu um papel para presente com motivos infantis, com várias cores em tons suaves. Declara que gosta de coisas simples, que está nervosa e é tímida. Segundo ela, o colorido do papel representa a fase que está atravessando, uma vez que se vê como "aprendiz de feiticeira", em razão de estar aprendendo uma nova função (a de secretária) com a participante 11, que é bastante experiente. Declara ainda que gosta de estar sempre aprendendo, que se percebe como uma pessoa muito simples, fechada, o que atrapalha. Explica que deixou o papel em formato de faixa porque é inteira.

A participante 10 construiu um triângulo azul em papel celofane. Declara-se que se sente pouco conservadora, transparente e aberta a novos conceitos. Segundo ela o azul traz amizade, companheirismo, luz. Explica que gosta também do triângulo eqüilátero.

A participante 16 construiu um copinho com papel verde-metálico. Para ela o copo representa estar aberta a aprender tudo. A participante declara que gosta de ajudar, aconselhar e ouvir. Explica que sempre teve forte atração pelo verde, que transmite leveza e beleza.

A participante 17 construiu um triângulo rosa-*pink* com papel celofane. Explica que queria fazer um chapéu, mas que não deu certo. Declara que gosta de cores fortes porque dão a sensação de alegria.

A participante 6 pensou em fazer um barquinho. Explica que gosta de azul, mas que pegou o amarelo porque é forte. Declara ainda que não se preocupou com a forma.

A participante 13 escolheu um papel de seda verde retangular. Explica que esse tipo de papel não é totalmente transparente, mas que é maleável, assim como ela se percebe. Segundo verbalização da participante, aparenta seriedade e é conservadora. Diz que, no serviço, gosta de aprender e que não tem medo de ensinar o que sabe. Para ela, o verde lembra paz, liberdade e harmonia.

A participante 8 escolheu um papel de presente com figuras e fundo azul em forma de quadrado. Segundo ela, as figuras do papel evitam coisas tristes. Explica que escolheu o quadrado porque a partir dele pode chegar a novas formas.

A participante 5 escolheu um papel laminado vermelho em forma de retângulo. Afirma que gosta de cor viva e que não se percebe como uma pessoa transparente. Para ela, o retângulo simboliza o cumprimento de horários.

A participante 19 declarou que poderia ter sido qualquer papel, mas que pegou uma folha de papel sulfite branca e fez um quadrado. Explica que com o pedaço de papel que tirou fez um pássaro branco (origami) para poder transformar no que quiser.

A participante 7 escolheu um papel celofane azul em forma de triângulo e grande. Explica que o formato simboliza uma pirâmide, que possui uma base, um suporte. Diz que sempre gostou de azul em todos os tons porque lembra o céu e o mar. Declara

O TRABALHADOR NO MUNDO CONTEMPORÂNEO 169

também que gosta da transparência, apesar de achar que nem sempre consegue transmitir o que deseja, seja por timidez ou pela rotina (pressa). Percebe-se ainda como sendo sempre a mesma pessoa, busca coerência e por isso se reconhece como transparente, tentando sempre deixar as coisas resolvidas.

A participante 20 escolheu um papel de presente com motivo de Natal porque gosta da mistura de cores. Explica que tentou fazer um octógono para obter uma figura que apresente vários pontos de equilíbrio. Conclui dizendo que reconhece que não consegue disfarçar seu estado emocional.

A participante 15 escolheu um papel de seda azul em forma de octógono. Segundo ela, a cor traz alegria e calma. Acrescenta que o contato tem que ter suavidade e se percebe uma pessoa tímida. Explica que o papel estava rasgado e que ela arrumou, demonstrando o movimento de encontro e progresso, trazendo transformação. Explica também que tende a gostar de coisas complicadas e às vezes complica coisas simples. Percebe que coloca complicações que na verdade não existem.

A segunda etapa do jogo foi dirigida ao levantamento de expectativas.

As participantes 11, 3, 9 e 13 formaram o primeiro grupo e denominaram a construção realizada "Ordem e Progresso".

Ao explicar a representação, indicam que construíram uma bandeira brasileira, que simboliza a empresa. A ordem representa organização e o progresso, a evolução profissional do grupo. No lugar das estrelas existentes na bandeira brasileira, foram colados recortes feitos com o papel de presente escolhido pela participante 9, que adquiriram os seguintes significados em consonância com as expectativas e percepções do grupo:

Sol – renovação; morango – fruto resultado do aprendizado; flor – criatividade e alegria; o trenzinho e o sorvete simbolizam a juventude do grupo e o quanto tem a aprender, assim como o Brasil que só tem 500 anos; o trilho representa o caminho, e a locomotiva, o movimento; o jornal representa a comunicação, é fundamental no processo de evolução; o pequeno retângulo amarelo representa a reserva de informação, para quando for necessária.

O segundo grupo foi composto pelas participantes 18, 14, 10, 8 e 4 que denominaram "Tocha Olímpica ou Olímpiadas da

Empresa" a construção feita pelo grupo. O grupo explica que a tocha possui uma base (retângulo de celofane azul) que representa os componentes do grupo; o cone dourado representa as informações que serão recebidas e canalizadas para o aproveitamento de todos, assim como a oportunidade da presença do diretor e do ego-auxiliar, que oferecerão novos conhecimentos; os papéis azuis saindo do cone representam a explosão provenientes dos conhecimentos adquiridos.

O terceiro grupo foi constituído pelas participante 12, 1, 6 e 17 que deram o nome de "Pirâmide do Crescimento". O grupo explica a construção indicando que o triângulo amarelo representa a riqueza da experiência profissional de cada uma e o triângulo rosa representa a disposição para aprender, demonstrando que se encontram seguras e profissionalmente definidas, sabem o que querem, conforme declaração do próprio grupo. Estão preocupadas em aprender coisas velhas e já conhecidas. Percebem o papel de secretária ameaçado. Atualmente estão redigindo pouco e querem "dicas" para fazer coisas da maneira certa, não ser "enxeridas". Questionadas sobre o possível significado dos retângulos vermelho e rosa pelo diretor, explicaram que não possuíam nenhum significado especial. Apenas cumpriram a instrução dada pelo diretor sobre a utilização de todos os papéis dos componentes do subgrupo.

O quarto grupo foi composto pelas participantes 20, 19, 5, 15, 16 e 7 que construíram o "Bastão de Compartilhamento". Ao explicar a representação, o grupo indica que optou começar com a pureza (branco no alto do bastão), depois azul, verde, vermelho, azul novamente, simbolizando que cada pessoa faz a sua parte, passa para o outro, e o resultado final é colorido, representando a participação de todos os integrantes do grupo.

O segundo momento do encontro foi dedicado à reflexão sobre a realidade contemporânea.

O primeiro grupo criou um cenário representando um departamento da empresa onde trabalhava um grupo composto por um chefe arrogante (participante 8), uma secretária (participante 18), um funcionário desmotivado (participante 14), outro sobrecarregado (participante 10) e uma responsável pela organização da festa de fim de ano (participante 19).

A cena foi desenvolvida mostrando que para a secretária o trabalho estava em segundo plano; o chefe se propôs a participar da festa apenas pagando; o funcionário sobrecarregado já pressupunha que estaria ocupado no dia da festa, demonstrando desmotivação geral de todos os empregados. A cena deixou claro que a falta de interesse apresentada pelos funcionários não era só pela festa, mas pelo dia-a-dia. Mostravam-se muito ocupados como desculpa para a não-integração. Na verdade, era uma pseudo-ocupação.

A segunda cena apresentou uma reunião de trabalho em equipe, composta por uma representante da empresa perante o cliente (participante 09); uma assessora/coordenadora (participante 11); a responsável por projetos (participante 16); um fornecedor externo (participante 7), a responsável por compras (participante 13) e pelo cliente (participante 3).

A cena se desenvolveu começando pelo contato do cliente e da representante da empresa, quando o primeiro comparece pessoalmente com o objetivo de estabelecer um melhor relacionamento com a organização, deixando claro o que deseja. Ao longo da conversa, os demais participantes da reunião foram sendo chamados na ordem apresentada anteriormente, e o resultado desejado pelo cliente foi sendo discutido. O cliente se retira e os demais componentes da equipe permanecem conversando sobre a melhor forma e possibilidade real de atender à solicitação do cliente, no prazo e com a qualidade requerida por ele. O cliente retorna e é confirmado o atendimento à sua solicitação conforme os requisitos por ele estabelecidos.

O grupo declarou que procurou dar ênfase aos seguintes aspectos: satisfação do cliente, trabalho em equipe, qualidade e comprometimento.

A terceira cena apresentou como tema central a solicitação de reserva de uma sala de reunião de duas maneiras: uma delas pelo correio eletrônico interno e a outra por contato pessoal. O grupo foi composto por um chefe (participante 20), uma secretária (participante 1), dois clientes (participantes 5 e 15), um analista (participante 17) e um técnico da área administrativa (participante 6). A cena começa com o chefe enviando uma nota pelo correio eletrônico e solicitando uma sala para realizar a reunião com os clientes. Ao mesmo tempo, a secretária tenta solicitar outra sala para o analista, coordenador de um projeto que queria reunir sua equipe, e percebe que o correio eletrônico está fora do ar. Aproveita então a situação e vai pessoalmente solicitar a sala. Nesse meio tempo, os clientes chegam e a sala solicitada pelo chefe não está disponível porque a sua nota não havia chegado ao destino. Recorrendo à pessoa responsável pela reserva de salas, verificam que não há outra disponível e são orientados a negociarem com o analista, que atende à solicitação, remarcando sua própria reunião.

Moral da história segundo o grupo autor: a tecnologia pode falhar e as pessoas esquecem da relação humana.

A etapa voltada aos comentários ficou prejudicada devido ao adiantado da hora, e o diretor deixou as conclusões mais detalhadas para ser apresentadas e discutidas no encontro seguinte.

Avaliação de Reação do Primeiro Encontro

O encontro foi...	Estou me sentindo...
Dinâmico	Preocupada
Gostoso	Ansiosa
Com amplitude	Livre
Um pouco confuso para mim	Ansiosa
Gratificante e dinâmico	Agitada pela apresentação
Rico e prazeroso	Integrada ao grupo e motivada ao progresso
Agradável	Confusa
Interessante	Agitada
Muito proveitoso	À vontade para expor idéias
Proveitoso	Normal
Muito bom	Um pouco renovada
Rico e produtivo	Mais à vontade
Bem agradável	Bem (em casa)
Bom	Bem
De percepção	Com maior percepção
Produtivo	Capaz
Válido	Realizada
Gratificante	Pensativa
Interessante	Tranqüila e alegre

Segundo encontro

Data: 31/10/00

O encontro teve início com o resgate da avaliação de reação do encontro anterior, quando foram comentados alguns itens daquela, como: confuso, explicado pelo participante autor da palavra como a dificuldade na compreensão do critério de escolha entre os vários papéis disponíveis para realização da apresentação individual; ansiosa (palavra que apareceu três vezes) e a explicação das autoras da palavra, que se referiam à pressão do tempo ao final do encontro, em razão de outros compromissos que as participantes já haviam assumido para o meio-dia. Essa pressão de tempo ocorreu em virtude do atraso de vários participantes, que obrigou a direção, em determinados momentos, a fazer interrupções no andamento dos trabalhos. Esse fato levou a uma retomada do contrato sobre o horário de início e término, cuja responsabilidade também era dos participantes.

Em seguida, foi retomado pelo diretor, de forma sintética, o conteúdo do texto sobre a realidade contemporânea, que não havia sido suficientemente explorado em decorrência do pouco tempo disponível ao final do encontro anterior. Destacou o fato de hoje ser tudo *fast* e efêmero, isto é, tudo se esgota rapidamente, dando ênfase à forma de expressão das características da modernidade, que resultaram nas cenas realizadas no encontro anterior. Os aspectos mais marcantes foram:

1º grupo: pseudo-ocupação, cada um se esconde no trabalho do dia-a-dia; as pessoas não têm mais tempo ou disposição para ouvir o outro.

2º grupo: a questão da qualidade no atendimento do cliente; da criatividade para solução de problemas e da atual busca de aproximação cliente–fornecedor, estabelecendo parcerias.

3º grupo: a informática não substitui a relação entre as pessoas, e o uso exagerado da tecnologia rouba o espaço do social. As pessoas por vezes se escondem atrás do micro e do trabalho para não se relacionar.

Após esse momento, necessário para retomada de aspectos importantes do encontro anterior, iniciamos o desenvolvimento

174 LUCIA ALMEIDA

do conteúdo deste segundo encontro, para a construção da história do papel profissional. Foram definidos três tempos históricos na vida dos participantes e formados três subgrupos constituídos de acordo com o tempo de casa e a cultura da empresa. Dessa forma, foram organizados os seguintes períodos: de zero a 15 anos; de 16 a 20 anos; e mais de 20 anos, que batizou a si próprio de grupo da terceira idade. Observamos que essa constituição dos subgrupos foi mantida no decorrer de todo o segundo encontro, durante os três tempos históricos definidos.

O primeiro grupo (mais de 20 anos) foi composto pelos participantes 11, 12, 17, 20, 8 e 6, que construíram uma locomotiva com vagões para representar o passado.

Comentários da platéia: há mais de 20 anos tínhamos um trem como este, meio velho, enferrujado, mas ainda eficiente, romântico e necessário. Não congestionava, não atrapalhava, ia sempre para a frente, caminhava, era pitoresco.

Comentários do grupo (autor da máquina): A participante 11 ficou na frente porque já tinha responsabilidade; a alegria era demais e as regras eram bem definidas; alegria porque o trabalho era mais leve; havia unidade e união entre as pessoas.

Comentários da direção: não tinha importância ser vagão porque todos se sentiam felizes. A participante 11 reforça a observação do diretor.

O segundo grupo (16 a 20 anos) se subdividiu, criando duas máquinas por falta de consenso. A primeira máquina apresentada foi o metrô, composto pelas participantes 1, 7 e 18.

Comentários da platéia: o metrô representa agilidade, evolução, rapidez e tecnologia.

Comentários do grupo (autor da máquina): todos os itens anteriores, acrescentando segurança e organização.

O outro subgrupo criou uma máquina de escrever manual, que evoluía para uma máquina de escrever elétrica, constituída pelas participantes 2 e 16.

Comentários da platéia: evolução, tecnologia, agilidade e responsabilidade.

Comentários do grupo (autor da máquina): tecnologia e evolução.

O TRABALHADOR NO MUNDO CONTEMPORÂNEO   175

A unidade funcional (diretor e ego) observou que o consenso não foi obtido pela falta de flexibilidade dos participantes 2 e 16.

Após as apresentações dos dois subgrupos ficou claro que as características demonstradas pelas duas máquinas eram idênticas, em outras palavras, todos os componentes do grupo queriam passar a mesma mensagem, mas não conseguiram perceber esse fato durante o processo de construção.

O terceiro grupo (0 a 15 anos) foi constituído pelas participantes 19, 15, 13, 5 e 9, que construiu um trem maria-fumaça que apitava.

Comentários da platéia: cada participante atuou em uma função diferente, mas havia dependência uma da outra. A participante 1 comentou que gostou de observar que nenhum grupo "foi um liquidificador porque é sem muita importância e a roda (da maria-fumaça) é de importância fundamental, pois garante o movimento".

Comentários do grupo: A participante 19 disse que queria muito evoluir – era ela quem puxava o trem; o foguista (participante 15) comentou que se preocupou em alimentar, colocar energia na máquina, mas também representava a pressão (negativa) que existia no ambiente de trabalho na época tratada, a angústia pela quantidade de produção que era exigida; a participante 5 comentou que não tinha expectativas naquela época, onde a "máquina levasse estava ok"; a participante 13 que representou a roda, comentou que se sentiu bem porque "podia sempre ir para a frente", dava o movimento e a sustentação.

Após os comentários de todos, o diretor solicitou a cada um que falasse uma palavra que representasse o que aquela rodada (relativa ao primeiro tempo histórico) agregou ao papel profissional. Para o:

Participante 9: crescimento;
Participante 13: experiência, evolução;
Participante 5: aprendizagem;
Participante 19: evolução;
Participante 15: experiência, aprendizagem;
Participante 8: experiência;
Participante 17: evolução e crescimento;
Participante 12: aprendizagem;

176 LUCIA ALMEIDA

Participante 11: evolução e responsabilidade;
Participante 2: informação;
Participante 1: experiência na condução das coisas, responsabilidade;
Participante 18: informação;
Participante 16: evolução, responsabilidade;
Participante 6: experiência;
Participante 20: direcionamento, adaptação às regras;
Participante 7: aprendizado.

O segundo tempo histórico trabalhado foi o momento atual. O grupo com mais de 20 anos de casa criou um avião a jato (não-supersônico).

Comentários da platéia: todos são necessários; crescendo; evoluindo; a participante 11 sempre na frente por causa de sua experiência; rapidez e evolução ainda maior; estar no ar possibilita explorar novos caminhos e possui meios de chegar mais rápido; inovação; requer muita disciplina; não pode ter falha.

Comentários do grupo: a participante 11 estava na frente do avião porque tem mais experiência na função de secretária: as outras, apesar de ser antigas na empresa, têm funções mais diversificadas.

A participante 11 explicou que o grupo optou pelo avião porque comparou com a engrenagem do trem, isto é, tanto o avião como o trem apresentam a mesma idéia, ou seja, "não se consegue nada sem a equipe, só que hoje com muito mais experiência". Há agilidade na realização das tarefas, o *feeling* necessário para o desempenho das tarefas, uma vez que, hoje, os chefes são mais objetivos. Há também mais interação com a chefia, que leva em conta a experiência e o conhecimento do empregado, existindo, portanto, um espaço muito maior para atuação. A cabine do avião representa comandos precisos. Existe mais liberdade, mas também regras.

Ao comentário da direção de que o espaço é maior (espaço aéreo) e apesar de ter uma rota traz também a liberdade, o grupo contrapôs que a liberdade é relativa, sendo obtida pela experiência e pelos meios de comunicação.

O TRABALHADOR NO MUNDO CONTEMPORÂNEO   177

O segundo grupo (16 a 20 anos) construiu uma estação de intersecção do metrô–ponto, central de convergência das várias linhas.

Comentários da platéia: o grupo apresentou uma estação, como um elo de ligação que transmite modernidade. Existe um objetivo comum, cada um tem seu destino, mas todos chegam ao mesmo ponto. Não pode haver colisão.

Comentários do grupo: a participante 2 explica que cada um trabalha em uma unidade de gestão, mas possuem atividades diferentes, e que de alguma forma tem que contribuir para o mesmo objetivo (empresarial). A participante 1 acrescenta que hoje existe segurança e liberdade para decidir algumas coisas, mas o metrô não tem tido mais investimento, da mesma forma que a empresa não tem investido nelas, gerando desestímulo. A participante 18 lembra que o metrô, além do transporte, que é sua principal função, presta outros serviços como exposições de arte, mas que tecnologicamente não teve evolução, da mesma maneira que o grupo se sente em relação à empresa.

O grupo mais jovem construiu um ventilador.

Comentários da plátéia: houve várias percepções sobre a máquina construída pelo grupo, desde uma hélice de avião, um ventilador ou um brinquedo existente em parques, chamado "chapéu mexicano". Comentaram ainda que o eixo com várias pás servia para pulverizar informações, que possuía flexibilidade de movimento, uma vez que o eixo também se movimentava.

Comentários do grupo: a participante 19 esclarece que deveria ter uma grade, o que não deixaria as pás afetarem os outros. O ventilador foi criado para demonstrar a insatisfação de se sentirem presas; a participante 9 explica que o eixo representa a limitação, a falta de autonomia, e as pás demonstravam a busca de novos conhecimentos, arejando. A grade representa a empresa, que prende e protege (perda da liberdade).

O diretor observou que a grade colocada como empresa foi apenas citada, mas não foi construída pelo grupo. Apesar de ser virtual é muito presente, sendo colocada como castradora e ao mesmo tempo protetora.

Em seguida, o diretor solicitou uma nova palavra que representasse o que essa rodada sobre a atualidade havia agregado ao papel profissional. Para o :

Participante 16: evolução e informação, significando atualização;

Participante 18: tecnologia;

Participante 7: percepção da possibilidade de continuar evoluindo, certeza que tem mais a aprender;

Participante 1: responsabilidade;

Participante 2: responsabilidade;

Participante 20: liberdade dirigida;

Participante 12: conhecimento;

Participante 17: conhecimento e experiência;

Participante 6: vivência;

Participante 8: experiência e liberdade;

Participante 11: experiência e responsabilidade;

Participante 15: evolução, ansiedade;

Participante 19: experiência, comodidade;

Participante 5: conhecimento;

Participante 13: experiência;

Participante 9: ainda tem que aprender mais.

A terceira e última fase da história do papel profissional foi dirigida para o futuro, definindo um horizonte temporal de cinco anos, buscando refletir sobre quais características serão requeridas para o desempenho desse papel.

O grupo mais jovem quis fazer sua apresentação em primeiro lugar, exibindo uma bomba-relógio.

Comentários da platéia: as percepções foram várias: uma bomba, uma bomba-relógio, um foguete, uma panela de pressão. Relacionaram a bomba-relógio com o futuro, em função da agilidade, rapidez e que, sendo educada, seria programada para explodir, no bom sentido, no sentido de capacitação. Entenderam a criação da bomba como uma característica diferenciada do grupo mais jovem, que se sente angustiado pelo comodismo em permanecer na empresa, bem como pela falta de espaço. Daqui a cinco anos terão a explosão.

O TRABALHADOR NO MUNDO CONTEMPORÂNEO 179

Comentários do grupo (autor da bomba): a idéia foi de inovação, de mudança total, implicando desafio, autonomia, partir do zero, sair do comodismo e construir uma nova vida.

Comentários da direção: foi apontada a circularização do grupo, o que tem um significado especial na linguagem psicodramática, demonstrando equilíbrio nas relações entre os membros do grupo, comunicação e encontro.

O grupo dos empregados mais antigos (terceira idade) construiu um navio transatlântico.

Comentários da platéia: percepções como serenidade, tranqüilidade, partir de um ponto; navegar com serenidade, ter um mar imenso para percorrer.

Comentários do grupo: explicou que considera ter passado a fase mais difícil e agora navega num mar calmo, mais tranqüilo e com mais segurança. Sente-se forte para enfrentar as tempestades.

O grupo de 16 a 20 anos construiu um trem-bala.

Comentários da platéia: perceberam velocidade e tecnologia.

Comentários do grupo: quiseram mostrar que a sociedade vai estar mais "civilizada", trabalhando menos e aproveitando o tempo para relacionamentos pessoais; podem até estar trabalhando em casa.

Comentários da direção: é importante observar que as máquinas foram construídas envolvendo a participação de todos. Não existe a pessoa sozinha, isolada. Sempre precisamos da vinculação com o outro, é mais produtivo, e todos se sentem melhor quando estão em grupo. Fortalece, exige reciprocidade, um precisa do outro.

A participante 20 perguntou por que as máquinas quase sempre foram meios de transporte. Foi sugerido, pela própria platéia, a correlação com a prestação de serviços, uma vez que trabalham numa empresa com essa característica; relacionaram ainda com o trabalho em equipe e com a questão do movimento permanente. Comentaram também que a forma de dirigir o encontro havia sido "legal", porque misturou as pessoas, fazendo referência à forma de constituir os grupos por tempo de casa, o que propiciou trabalhar com pessoas diferentes daquelas do convívio diário. "Saímos das panelinhas."

180 LUCIA ALMEIDA

Avaliação de Reação do Segundo Encontro

O encontro foi...	Estou me sentindo...
Objetivo	Tranqüila
Alegre	Feliz
Um tesão	Motivada
Proveitoso	Impaciente
Interessante	Tranqüila
Saudável	Integrada
Gratificante	Evoluída
Cheio de máquinas	Cansada, porém entusiasmada
Movimentado	Atualizada
Gratificante	Segura
Proveitoso	Tranqüila
Questionador	Reflexiva
Agradável	Com perspectiva
Gostoso	Alegre
Proveitoso	Relaxada
Esperado	Satisfeita

Terceiro encontro

Data: 9/11/00

O encontro, como sempre, foi iniciado pela leitura, por parte do diretor, da avaliação do encontro anterior, sendo que apenas uma palavra gerou curiosidade sobre o seu significado – "tesão" – de autoria da participante 1, que esclareceu dizendo que "foi muito bom, alegre, refletir sobre o futuro – hoje sou mais metrô, mais trem-bala [referindo-se às máquinas construídas no segundo encontro] foi muito alegre, muito legal".

Como aquecimento, o diretor solicitou ao grupo que andasse normalmente, depois marchasse, rebolasse, andasse na ponta dos pés, com o calcanhar e voltasse a andar normalmente, cada um em seu próprio ritmo. O diretor e o ego também participaram da atividade.

O TRABALHADOR NO MUNDO CONTEMPORÂNEO 181

Após reconduzir o grupo aos seus lugares, o diretor solicitou que todos tirassem das bolsas objetos pessoais que pudessem simbolizar os componentes do papel profissional. Após a construção individual das esculturas do papel profissional, foi solicitado pelo diretor que cada participante a apresentasse, explicando o significado de cada objeto e a relação com o papel profissional. A descrição de cada escultura, a seguir, obedece à ordem de apresentação dos participantes:

Participante 1 – Escova de cabelos: "Não vive sem ela, não suporta não estar bem-arrumada", Explica que é "para passar boa imagem e credibilidade";

Agenda: "Estou sempre colocando as pessoas em contato, representa a minha capacidade de comunicação".

Caneta: "É importante para anotar, tem a ver com organização porque não confio na minha memória".

Cartão de telefone: "Gosto de passar os contatos bons, divulgar as coisas boas". Os copos-de-leite do cartão simbolizam a cultura e acredita nas vantagens de as pessoas a buscarem;

Foto dos três filhos: "Coloquei os meus três filhos no meio (da imagem) porque o trabalho está relacionado com eles. Quero passar meus valores, que eles também pensem em trabalhar, ter valores".

Tampa de Coca-Cola: "Está entre os meus dois filhos menores, representando o lado gostoso".

Caixa de óculos (que é aberta e substituída pelos óculos): "Quero que enxerguem (os filhos) a vida com espiritualidade. Esta espiritualidade existe no meu papel profissional".

NOME DA ESCULTURA: TRANSCENDER

Acrescenta ainda que precisa "lutar pelos filhos, para que sejam éticos e de bom caráter". Emocionou-se e chorou.

Participante 10 – Telefone: Simboliza a comunicação que usa o dia inteiro.

Óculos: Representa a visão de futuro, "tem que acompanhar tudo o que está acontecendo".

Tíquete: Significa "alimentar-se de conhecimentos",

Chave: Representa "a gente estar viva, quem é empregável tem que estar vivo, acompanhar, ir atrás das informações e dos conhecimentos".

Colírio: "Para clarear a visão".

Batom: Representa o resultado do trabalho. Percebe-se perfeccionista, representa também a estética do seu trabalho.

Caneta: "Minha memória é péssima, anoto tudo, pois lido com muita papelada e preciso anotar tudo".

Relógio: "O tempo é sempre pouco". Percebe como ponto fraco não saber administrar o tempo.

Comenta que o batom poderia ser a chaminé de uma locomotiva. Tinha pensado também em um círculo, mas não viu como construí-lo (representá-lo).

NOME DA ESCULTURA: CRESCIMENTO

Participante 11 – Caneta: "Preciso anotar porque tenho pouca memória".

Agenda: "Contém a vida hoje e a vida ontem", explica que contém "muita coisa que precisa do passado e do futuro. Tem dois lados, o mais rabiscadinho e o mais organizado – neste está o que precisa resolver". Representa a responsabilidade, pois o que precisa resolver está ali anotado.

Crachá: Considera-se um "pedaço da empresa". Sente-se parte integrante do processo; quando ela não está, alguém tem que estar no lugar – percebe-se com um papel importante.

Folhinhas de cheque: É parte da sua responsabilidade. Além das responsabilidades financeiras próprias, cuida das do chefe, ficando inclusive com folhas de cheque assinadas por ele e sente que também faz parte de suas atribuições estar vigilante sobre os assuntos pessoais da chefia.

Balinha: "É o lado doce". Percebe-se como uma pessoa doce no trabalho e em casa, embora às vezes perca a paciência.

Comenta que tudo ocorre em paralelo (pessoal e profissional) – embora esteja tudo interligado, consegue ter discernimento, "não misturo as estações". Entende que sua vida depende do aspecto financeiro do trabalho.

NOME DA ESCULTURA: PARALELO

O TRABALHADOR NO MUNDO CONTEMPORÂNEO | 183

Participante 2 – Inicialmente desculpou-se pelo atraso e esquecimento da bolsa, mas considerou que os objetos trazidos consigo eram suficientes para construir sua escultura.

Bloquinho: Explica que gosta de anotar e passa tudo a limpo, apesar de confiar em sua memória. "Faço a confirmação entre o que anoto e o que lembro".

Chave do carro: Representa o medo de ficar presa na empresa. De carro sente-se segura. O diretor pergunta se tem a ver com sua necessidade de liberdade e autonomia, o que responde afirmativamente.

Batom: Declara que gosta de estar de batom e com boa aparência.

Livros dentro de um saco plástico: Representa seu hábito de aproveitar o tempo. "Já que vou lá embaixo, aproveito e levo os livros à biblioteca", diz ela.

Celular: Explica que adora ser encontrada. Detestaria deixar de resolver alguma coisa por não estar presente.

Caneta: Necessidade de anotar.

Crachá: Representa o cumprimento da obrigação, o respeito ao contrato que tem com a empresa.

NOME DA ESCULTURA: EU

Participante 18 – Fez questão de dizer o nome de sua escultura antes de iniciar a apresentação porque achou que a explicação teria maior significado. O nome escolhido foi "O EU".

Lapiseira: Representa a necessidade de anotar tudo. Informações relativas ao futuro e ao passado também. "Priorizo as atividades em *follow* e depois vou ticando". Não se percebe organizada o suficiente. Mencionou o texto lido no encontro anterior, comentando que estão trabalhando mais e "temos que nos vigiar para sair desta febre de agitação e correria".

Passou a descrever os objetos que compõem o rosto. que construiu:

Olhos: Representados por dois batons. Explica que utiliza muito, "se não usa se sente um fantasma e a aparência conta muito".

Boca: Representada pela caixa de óculos, simbolizando a comunicação. "Sem comunicação não se faz nada." Percebe-se como uma pessoa comunicativa.

Chaveiro: Representa o cabelo. Explica que aquelas chaves são muito importantes porque trancam outras chaves do departamento em que trabalha. Simbolizam a responsabilidade e a autonomia que possui.

Crachá: Representa a identificação da empresa, uma vez que exigem o seu uso. Discorda das pessoas que acham um absurdo terem que se identificar.

Declara ainda que está sempre se vigiando na tentativa de respeitar o ritmo dos outros, pois entende que cada um tem seu ritmo próprio. Percebe-se mais rápida que os outros, o que gera descompasso e ela não quer ficar esperando. O diretor pergunta o porquê dessa última afirmação, e a participante explica que "tem a ver com independência e iniciativa", características que reconhece em seu papel profissional.

Participante 13 – Celular: "É um meio de comunicação e tem várias funções, como relógio e agenda". Percebe-se pontual, não gosta de se atrasar.

Rádio: "Também é um meio de informação". Considera muito importante estar informada.

Espelho: É pessoa transparente. "Passo o que sei." Não é organizada, mas se acha na bagunça que faz.

Cigarro: Ponto fraco. É uma coisa prejudicial e representa a dificuldade que percebe ter em se aproximar de algumas pessoas. Considera-se uma pessoa séria e não fechada.

Chave: Procura estar atrás de informações novas para "não me limitar ao bê-á-bá; quero buscar o novo".

Batom: No caso dela, diz usar cor mais séria e declara que acabou de perceber esse fato. Significa meio de comunicação. Explica que como trabalha no setor de licitação, relaciona-se muito com fornecedores e precisa ser objetiva. Declara ainda que acha mais fácil relacionar-se com quem não convive.

Colírio: Representa sua transparência – as pessoas percebem se ela está bem ou não.

NOME DA ESCULTURA: DEU SEU PRÓPRIO NOME – "NOME DA PARTICIPANTE 13"

Participante 4

Agenda: Representa a base necessária para o desempenho do papel profissional. Considera que "para tudo na vida tem que ter organização, se programar no tempo para atingir objetivos".

Creme: Significando o tato, a maciez. O papel profissional tem "altos e baixos", mas acha que com boa conversa as coisas se resolvem.

Caneta: Representa ascensão.

Espelho: Reflexo, impossível olhar para ela e não saber se está ou não está bem. Explica que o colocou em cima feito telhadinho porque absorve muito o problema dos outros. As notícias chegam até ela e acaba absorvendo, sofrendo bastante com isso.

Remédio: Representa o lado ruim. Reconhece que não consegue deixar de lado o problema do outro, tem "excesso de envolvimento". Sabe que precisa dosar as palavras e não ultrapassar seu limite. A diretora comenta o fato de ter dificuldade em administrar sua emoção, e que, na ânsia de ajudar, ultrapassa o limite adequado e opta por ficar calada...

Perfume: Declara que gosta muito de perfumes e representa tudo o que fez na produção (área da empresa na qual trabalhou anteriormente), a parte gostosa e gratificante. "O cheiro é o lado gratificante de crescer e ter ajudado outros a crescerem também." Perfume também é algo "marcante", como é marcante e "gostoso ouvir das meninas que ela foi a professora", referindo-se àquelas que iniciaram a função de secretária sob sua supervisão. A participante 18, que faz parte desse grupo, declara que a participante 4 em questão tem o dom de fazer o outro desabrochar.

NOME DA ESCULTURA: CRESCIMENTO

Participante 20

Inicialmente a construção estava praticamente toda coberta por algo azul, e a autora explica que o saquinho azul "serve para muita coisa, está sempre comigo, cabe tudo, serve para tudo, dentro dele guardo o que preciso no momento" e dá o nome de tenda à construção.

186   LUCIA ALMEIDA

Em seguida, retira o saquinho azul, revelando uma série de objetos.

Caneta: É um facilitador para anotar, para lembrar. Declara que tem várias canetas porque dessa forma "é mais fácil encontrá-las", e consegue tirar da cabeça o assunto, "me despreocupo".

Espelho que abre e fecha: Representa a sua versatilidade, uma vez que não tem trabalho rotineiro (fez menção a esse fato duas vezes).

Agendinha de telefones escrita a lápis: para poder reciclar, reutilizar. Complementa dizendo que em outros momentos pode não ter a necessidade dos mesmos contatos.

Cartão com Iemanjá: Representa a fé, e não a religião. Acredita em alguma coisa do próprio trabalho, acredita em muita coisa sem muita regra, declara que gosta de transgredir.

Perfume: Representa a marca pessoal no trabalho que realiza, o que considera importante. Complementa a idéia dizendo que "o perfume marca". Reforça que tem facilidade em marcar, deixar marca no que faz.

Carteira: Declara que tem a sua cara. Simboliza sua cultura (inútil). Consegue buscar o que está guardado e sabe que em algum momento vai servir.

Carteira de cigarros: Representa os vícios, por exemplo, bater boca com os outros. Percebe-se como uma pessoa teimosa.

NOME DA ESCULTURA: TENDA DOS MILAGRES ("barraca não, porque é mais organizada")

Participante 9

Montinho de papel (na base da escultura): Representa sua mania de guardar cartõezinhos, propagandas, que pode vir a precisar em algum momento, declarando-se uma pessoa previdente.

Carteira: Simboliza os conhecimentos porque contém documentos, e simboliza também ascensão porque hoje trabalha com papéis (documentos). A carteira está fechada representando o seu temperamento, reconhecendo-se uma pessoa pouco expansiva: "é o meu jeito de ser". Percebe-se alegre, sóbria, se vê como meio velha.

Crachá: É sua identificação (na parte de cima da escultura).

Carteirinha do Sesc: Simboliza os benefícios que tira do seu trabalho, como remuneração e lazer.

Chave: Quer abrir portas, crescer, pois é jovem e quer aprender.

NOME DA ESCULTURA: ASCENSÃO

Participante 17

Caneta: Representa a necessidade de anotar. Declara que não vive sem ela. Reconhece-se como uma pessoa que não é organizada, pois anota tudo em "papeizinhos".

Agenda: Explica que não vive sem ela.

Batom: Relacionado ao visual, explica que gosta de manter uma boa aparência.

Telefone: Representa a comunicação. Considera-se boa comunicadora, mas tímida.

NOME DA ESCULTURA: "SEM NOME"

Obs.: Não quis dar nome. A participante 2 sugeriu o nome do chefe, mas não foi aceito.

Participante 14

Iniciou dizendo que não gosta de bagunça, que não guarda nada, mesmo sabendo que pode até a vir precisar. Joga fora, percebe-se "organizada e pragmática e[...] odeio juntar coisas".

Porta-níquel: Representa que está aberta a mais conhecimento. Tudo o que aprende serve. Comenta que graças ao participante 4 é organizada e procura manter a ordem. Complementa dizendo: "Não deixo nada para amanhã".

Carteira fechada: É como se sente (fechada) dentro do local de trabalho.

Batom: Representa o brilho – comenta que todos nós temos o nosso brilho.

NOME DA ESCULTURA: BRILHO

Participante 8

Caneta: Representa a necessidade de anotar tudo.

Caderno de anotações: Explica que tudo está organizado e identificado (fica emocionada e chora).

Chave: Representa a segurança que passa para os outros. Explica que jamais vai ensinar algo errado. Percebe-se como uma pessoa teimosa.

Calendários antigos: Explica que, ao contrário da participante 14, que joga tudo fora, ela guarda, pois acha que sempre tem serventia. Considera-se precavida.

Agenda telefônica: A lápis "porque fica mais organizada".

Documento do filho: Representa a dependência, declara que detesta depender dos outros:

Livro de orações: Simboliza sua religiosidade e menciona ser a base de sua construção. Reconhece-se como chorona e como uma funcionária proativa.

NOME DA ESCULTURA: PROAÇÃO

Participante 19

Carteira: Explica que é bem compacta e tem tudo de que precisa (inclusive folhas de cheque). Simboliza organização, clareza e simplicidade, explicando que, como é programadora, tem que pensar no próximo profissional que poderá utilizar seu trabalho, "ele tem que entender".

Necessaire: Explica que tem tudo de que precisa também. Reconhece-se como prevenida, precavida. Complementa dizendo que a carteira está fechada, mas se diz aberta.

NOME DA ESCULTURA: ORGANIZAÇÃO

Participante 15

Caderno (base da escultura): Representa seu gosto pela leitura e pela pesquisa. Complementa dizendo que o caderno tem divisões, e cada uma contém um assunto: coisas pessoais, coisas que vêm à cabeça, coisas da faculdade, anotações de cursos. Simboliza sua organização, apóia sua memória, declara que se anotar aí, lembra até mesmo nomes, pois o que vê, guarda. Simboliza ainda pesquisa, informação, coisas novas.

Caixa de disquetes: Representa a importância de guardar informações e repassar, pois o que considera interessante ela duplica e passa para outras pessoas.

Carteira de identidade: Representa a personalidade da pessoa. Declara que não se sente tão parte da empresa, não gosta de ser a empresa. Acha importante preservar sua individualidade.

O TRABALHADOR NO MUNDO CONTEMPORÂNEO   189

Copinho que abre (porém estava fechado): Representa a alegria, o lado infantil. Acha importante tomar água, porque faz bem à saúde, mas não pratica. Também se percebe fechada.

Copinho de limpar as lentes: Simboliza ter uma visão clara das coisas.

NOME DA ESCULTURA: TORRE DE CRESCIMENTO E DE TRANSMISSÃO

Participante 7

Primeiro observa que a caixa de remédio só está colocada como apoio para compor a escultura, não possuindo significado especial.

Clipes: Representa a organização, "existem para organizar as coisas".

Bandeirinha: Explica que trouxe da feira cultural dos filhos porque gostam que ela guarde e complementa que está relacionado ao seu lado família.

Carteira dos documentos: Representa organização, o que guarda.

Chave: Representa as oportunidades da vida, "aberturas...".

Agenda: Necessidade de anotar coisas, pois aí grava, explica que tem dificuldade em guardar nomes. Diz ainda que não guarda o que não vai precisar.

Canetas: Não falou sobre o significado. Comenta que se tiver o que precisa estará contente.

NOME DA ESCULTURA: VERSÁTIL, (porque tem um pouco de cada, dela mesma e da família)

O diretor comenta, após todas as apresentações individuais, sobre a importância de terem entrado em contato com o que sustenta o papel profissional. "Quando olhamos para as esculturas, é como se tivéssemos olhando e tirando uma foto do papel profissional de cada uma."

O ego-auxiliar fala sobre a emoção trazida por elas e da importância de perceberem o lado gente que está e estará sempre presente no papel profissional ou em qualquer outro que estivermos desempenhando. Mencionou e agradeceu a confiança depositada pelo grupo na unidade funcional e pelos participantes terem sido tão verdadeiros.

Após a fase de comentários, o ego-auxiliar conduziu uma atividade voltada para o relaxamento do grupo, promovendo uma massagem coletiva, e a sugestão de um abraço nas pessoas que tivessem vontade de abraçar. Todas se abraçaram, gerando um momento muito afetuoso para todo o grupo. O diretor e o ego-auxiliar também participaram dessa última atividade.

Avaliação de Reação do Terceiro Encontro

O encontro foi...	Estou me sentindo...
Emocionante	Estimulada
Divertido	Muito bem
Íntimo	Livre, leve e solta
Cansativo	Aliviada
Gratificante	Emocionada
Bonito	Importante
Gostoso	Ansiosa
Emocionante	Sensível
Cheio de emoções	Leve
Pura emoção	Leve
Revelador	Confortável (aprendi um pouco mais)
Emocionante, revelador	Leve, emocionada
Emocionante	Motivada
Emocionante	Emocionada e feliz
Proveitoso	Tranqüila

Quarto encontro

Data: 16/11/00

O objetivo principal desse encontro foi refletir e compreender o tema empregabilidade, propiciando aos participantes instrumentos para o desenvolvimento da própria empregabilidade.

Durante o resgate da avaliação de reação do encontro anterior realizada pelo diretor, ficou evidente que a emoção foi a tônica para a grande maioria dos participantes. Realizar a construção da escultura, selecionar objetos pessoais correlacionados aos componentes do papel profissional foi um exercício de grande emoção e de descoberta para o grupo.

O TRABALHADOR NO MUNDO CONTEMPORÂNEO 191

Em seguida, o diretor deu a notícia sobre a privatização da empresa em que trabalham atualmente e quando ocorreria o leilão. O diretor complementou a notícia dizendo que todos os chefes seriam destituídos e que haveria um grande corte de pessoal. Colocou, então, a seguinte questão: como podemos nos preparar? Na seqüência, o diretor levanta junto com o grupo quatro alternativas de ação, pedindo ao grupo que se recorde da escultura do papel profissional para fazer a escolha:

- trabalhar como autônomo (abrindo o negócio próprio);
- buscar emprego por meio de jornal, contatos, *headhunter*;
- aperfeiçoar-se, estudando a fim de obter maior qualificação;
- aposentar-se.

Das quatro alternativas, duas foram escolhidas pelo grupo com uma modificação. A primeira alternativa aceita (grupo 1) foi buscar emprego, que reuniu cinco participantes; a segunda (grupo 2), agregou a idéia de aperfeiçoamento, mas para ficar na empresa, reunindo oito participantes.

O primeiro grupo foi composto pelas participantes 17, 15, 5, 19 e 6.

O grupo criou uma cena com vários momentos: no primeiro, a participante 15 procura emprego por meio de jornais e reclama das exigências e do baixo salário. Na sequência, telefona para pessoa conhecida, participante 5, pedindo sugestões de como encontrar emprego e queixando-se de suas dificuldades. Esta pede que mande o currículo por e-mail e fica de dar um retorno. A participante 5 encaminha o currículo para uma agência de empregos, que o envia para Suzi Gates (participante 19), que agenda entrevista com a candidata.

Em cena paralela, as duas recepcionistas da agência de empregos (participantes 6 e 17) conversam comentando que deviam ter feito curso técnico em informática, fazendo uma clara referência ao fato de estarem se sentindo subempregadas.

É realizada a entrevista de Suzi Gates com a candidata, que considera muito bom o currículo, informando que será inscrita em um curso de atualização antes de iniciar as atividades profissionais.

192 LUCIA ALMEIDA

O diretor solicitou que cada participante fizesse um solilóquio ao final da cena, falando sobre o seu sentimento naquele momento: para a participante 15 a palavra foi ansiedade; para a 19, tensão; para as participantes 17 e 6 foi preocupação; e para a participante 5 foi solidariedade.

O segundo grupo foi constituído pelas participantes 7, 8, 11, 1, 10, 4, 18 e 14. O grupo construiu uma imagem onde as participantes se colocaram em círculo, todas de costas para o centro dele, sem nenhuma vinculação entre elas, demonstrando estar cada uma consigo mesma e com expressão corporal própria. Foi realizada uma rodada de solilóquio para essa primeira imagem, quando cada uma disse uma palavra sobre seu sentimento. Descrevemos a seguir a imagem criada pelo grupo, as expressões corporais de cada participante e respectivas palavras oriundas do solilóquio (em maiúscula):

A participante 14 tinha a mão direita segurando o queixo, o outro braço apoiado à cintura e segurando uma caneta, olhando para a frente. A palavra foi TENSÃO.

A participante 18 colocou os braços à frente, um mais alto que o outro. A palavra foi BUSCA.

A participante 10, com as mãos semi-erguidas, segurava uma agenda e seu rosto expressava preocupação. A palavra foi ANGÚSTIA.

A participante 7 colocou a mão no rosto e disse que era REFLEXÃO (NOVAS IDÉIAS);

A participante 4 segurou um jornal à altura do rosto, demonstrando estar COMPENETRADA.

A participante colocou as mãos espalmadas e para o alto, representando ESPERANÇA.

A participante 11 colocou os braços à frente e estendidos acima da cabeça, representando BUSCA.

A participante 1 colocou bloco e caneta à altura do peito, apresentando fisionomia séria. As palavras foram APRENDIZADO INTENSIVO.

O diretor solicitou que o ego-auxiliar utilizasse a técnica do espelho com cada um dos componentes da imagem, que foram convidados a olhar a construção como um todo, dando uma volta em torno dela. Após o espelho, o diretor disse que poderiam mudar a

O TRABALHADOR NO MUNDO CONTEMPORÂNEO   193

expressão corporal, porém nenhum dos participantes sentiu necessidade, alterando apenas os sentimentos, que foram expressos pelas seguintes palavras (em maiúscula) ditas no segundo solilóquio:

A participante 10 disse estar sentindo-se REALIZADA; a 14, APREENSIVA; a 18, BUSCA MAIOR; a 7, IDEALIZADA; a 4, TENSA; a 8, TRANQÜILA; a 11, ESPERANÇOSA; e a 1 disse estar se sentindo EGOÍSTA.

O diretor pediu que cada grupo comentasse como tinha sido o processo de construção. O segundo grupo teve dificuldade de criar uma cena, e no processo de discussão no subgrupo, o diretor e o ego participaram e perceberam que o que estava dificultando era a descoberta, por parte do grupo, da competição que se instalaria, caso todas fossem lutar por permanecer na empresa. Mediante essa constatação, o diretor mudou a orientação dada anteriormente, para a construção de uma imagem que simbolizasse o sentimento do grupo, o que rapidamente foi realizado.

O diretor comentou que ninguém no círculo se destacou, que houve respeito pelo espaço de cada um, honestidade e coerência. Ressaltou que a cena teria sido falsa e a imagem, verdadeira, pois é comum e natural do ser humano que em uma situação de risco cada um pense primeiro em si mesmo. O ego-auxiliar complementou a fala do diretor, lembrando a orientação que é dada pelas aeromoças nos aviões, ou seja, que ao cair as máscaras de oxigênio, primeiro coloquem a sua e depois ajudem as crianças ou outras pessoas que necessitem.

Durante os comentários do segundo grupo, a participante 11 explicou que combinaram ficar de costas em círculo, onde cada um é cada um, mas ela disse não conseguir se ver assim tão egoísta; a participante 4 declarou que viveram na imagem construída a mesma competitividade existente no mercado e que ninguém iria convidar o outro para fazer algo junto. A participante 10 declarou estar se sentindo realizada porque adorou o resultado, achou linda a imagem e se sentiu potente para se sobressair. A participante 7 declarou que percebeu que todos estavam no mesmo lugar buscando o próprio ideal, e que não se sentiu dando as costas para os outros. A participante 1 falou sobre não gostarmos de expressar raiva, inveja e competição; a participante 4 fez questão de reforçar que os gestos para cima e para a frente não eram pedidos de ajuda a Deus, mas sim passar o sentido de progresso; a participante 8 conta que viveu uma situação similar em que de dois empregados só um ia ficar, mas teve a sorte de a chefia ajudá-la a se recolocar. A participante 18 complementou a fala anterior dizendo que, nesse caso, "não teria ninguém para ajudar, ficaremos no limite". Percebeu que o seu currículo é muito pequeno e fraco, reconhecendo a necessidade de melhorá-lo. Conclui dizendo que "caiu a ficha".

O primeiro grupo fez os seguintes comentários: a participante 15 não descarta a possibilidade de sair da empresa e falou da importância de estar por dentro das exigências do mercado; a 19 disse que não pode haver acomodação, é importante estar estudando sempre. As participantes 6 e 17 relembraram que na cena ficaram como recepcionistas, demonstrando o subemprego a que estariam se submetendo.

O diretor destacou a competitividade existente em São Paulo, que atinge qualquer pessoa, em qualquer faixa etária e nível de escolaridade. E complementou dizendo que o grupo explorou muito bem todas as alternativas, refletindo sobre a questão da empregabilidade.

Após a fase de comentários, o diretor realizou uma exposição dialogada sobre alguns tópicos da empregabilidade, visando nutrir o grupo com informações novas e sistematizadas a respeito do assunto, propiciando elementos para a reflexão e o enriquecimento de cada um.

Avaliação de Reação do Quarto Encontro

O encontro foi...	Estou me sentindo...
Interessante	Tranqüila
Ativo	Impulsiva
Produtivo	Satisfeita
Dinâmico	Tranqüila
Desenvolvedor	Atenta
Reflexivo	Pensativa
Proveitoso	Tranqüila
Curto para mim	Ainda bem que não perdi tudo

Interessante	Bem
Proveitoso	Alerta
Proveitoso	Consciente
Interessante	Tranqüila
Real	Segura e insegura
Apreensivo	Enriquecida
Enriquecedor	Introspectiva

Quinto encontro

Data: 23/11/00

Como em todo início de encontro, o diretor pesquisou algumas palavras da avaliação de reação do encontro anterior. A palavra "introspectiva", de autoria da participante 12, que explicou: "fiquei pensando em tudo que passou. Deu para pegar um pouco quando cheguei, mas o todo ficou estranho". O diretor relembrou que a dificuldade está no fato de a participante ter chegado atrasada e só tomado parte do conteúdo teórico. A palavra "tranqüila" da participante 8 recebeu a seguinte explicação: "em comparação com o encontro anterior, tão chorosa, foi tranqüilo".

Dando continuidade ao encontro, o diretor distribuiu aleatoriamente papeletas que continham palavras previamente selecionadas por ele, relacionadas aos componentes do papel profissional e ao tema empregabilidade. Solicitou que cada participante recordasse uma situação real e a relatasse ao grupo. Enfatizou que a cena deveria ser real e a participante, o seu protagonista. A seguir, descrevemos a fala de cada um, indicando em maiúscula a palavra sorteada.

Participante 13 – AUTOCONFIANÇA – Relata uma cena sobre compra de material administrativo que estava realizando. "A pessoa ligou do Paraná pedindo um formulário e eu fiquei com o fornecedor do formulário mais de uma hora conversando no telefone e acabei conseguindo convencê-lo a fazer – vai passar a noite fazendo. Com isso o serviço vai sair no tempo certo."

Participante 5 – Quis trocar a palavra incerteza, e o diretor permitiu a troca por DISCIPLINA. Ela comenta: "Acho que sou disciplinada. A minha disciplina de horário, disciplina no trabalho...".

Participante 9 – FLEXIBILIDADE – Lembrou-se de uma época de mudança, quando se preparava para a nova função de secretária: "Consegui fazer essa mudança pessoal e profissional".

Participante 12 – PASSIVIDADE – Pensou em trocar, mas desistiu. Comenta: "Teve um período na minha vida profissional que fui passiva, quando trabalhei na digitação. Hoje não tenho nada de passividade. Lá eu tinha que ser passiva. O trabalho era passivo. Não podia nem sobressair, se não vinham e cortavam".

Participante 1 – CORAGEM – "[...] de sair de Socorro (sede principal da empresa em São Paulo), ir para a Luz (escritório da empresa no centro da cidade). Abandonar um chefe maravilhoso e ir com um chefe novo. Enfrentar novos desafios. Tudo novo."

Participante 4 – AUTODISCIPLINA – "Vejo como autocontrole. Na área de secretaria precisa ter muito. Eu me envolvo muito com os outros. Preciso não interferir, separar o problema do outro com o trabalho profissional."

Participante 10 – DESAFIO – "Minha experiência na empresa. Trabalhava na área de segurança e apareceu uma vaga para ser secretária do gerente, que tem um modo de trabalho bem diferente. Foi um desafio e tive ajuda de muitas pessoas. Foi gratificante esse desafio".

Participante 19 – FAZER ESCOLHAS – "O meu papel profissional sempre foi fazer escolhas: já trabalhei em banco, depois vim para esta empresa, e agora estou na programação. Cheguei onde queria."

Participante 8 – AUTOCONHECIMENTO – "O que aprendi por curiosidade fui repassando." O diretor intervém e esclarece o significado da palavra autoconhecimento que está sendo confundido pela participante com a palavra conhecimento. Mas ela continua: "Sei como sou e repasso meus conhecimentos – escorregar, escorrego direto. Sou responsável pelo ponto do pessoal". O grupo interfere, tentando ajudar, mas a participante não conseguiu entender o que lhe foi solicitado.

Participante 15 – ATUALIDADE – Explica que "vem muita coisa de fora. Falo com pessoas da faculdade e me surpreendo com o que está lá fora. Tem a ver comigo, estou trazendo aqui para a empresa, dados da faculdade[...] trago essas mudanças de papel que as empresas lá fora estão tendo".

O TRABALHADOR NO MUNDO CONTEMPORÂNEO   197

Participante 14 – Quis trocar a palavra criatividade por outra, escolhendo COMPETÊNCIA – Contou: "Há seis anos, quando fiquei viúva, fui convidada para trabalhar na secretaria e aceitei e foi legal, saindo da digitação".

Participante 20 – MATURIDADE – Comenta que "na assessoria é preciso ter essa maturidade para não magoar um ao outro. É preciso ter muita maturidade lá em cima (faz referência ao andar em que fica a assessoria). Teve um problema com o Siscomex (sistema desenvolvido pela empresa) no começo do ano: a empresa tinha culpa, aconteceu uma ligação e eu passei para Brasília a ligação. Fui bastante madura ao tomar esta decisão. Brasília (onde fica a sede da empresa), junto com a comunicação social, falou com o cliente. Foi lance de maturidade. O próprio Teixeira (gerente da administração) elogiou o encaminhamento".

Participante 6 – ESTRESSE – Conta: "No último PDV (Programa de Demissão Voluntária) fiquei bastante apreensiva, apesar de a minha área estar tranqüila".

Participante 7 – AUTONOMIA – Declara: "não achei. [...] Minha mãe diz que eu nasci autônoma. Faço disso todos os dias de minha vida. Encaixa como uma luva, faço isso no meu serviço e incomodo outras pessoas. Tenho cena, mas não quero contar".

Participante 18 – ASSERTIVIDADE – Relata: "Antes, quando precisava de um material, sofria. Agora eu consigo. Acho que tirei leite de pedra. Uso os meios diretos, procuro o caminho mais curto. Estou procurando aprender".

Na sequência da metodologia da palavra-viva, foi solicitado pelo diretor que os participantes se reunissem por afinidade das cenas relatadas e fizessem uma síntese, representada por uma cena rápida, em subgrupo, e dessem nome a essa cena.

O primeiro subgrupo foi constituído pelas participantes 13, 18, 7 e 1, proprietárias das palavras autoconfiança, assertividade, autonomia e coragem, respectivamente. Deram o nome de "Os anjos da guarda".

O grupo forma uma roda e a cena começa com a participante 18 pensando alto: "Vou precisar de material e está todo mundo em reunião, será que interrompo? A participante 13, representando um anjo, diz: "Tenha autoconfiança". A participante 7, outro anjo, diz: "Vá falar com o almoxarifado, eles têm o material". Novamente pensando alto, a participante 18 reflete: "Se eles liberarem tudo bem! Mas que cara-de-pau tenho que ter [...] Bem, já pedi as autorizações". A participante 1, outro anjo, fala: "Tenha coragem, vai valer a pena". A participante 18 comenta: "Olha é difícil! Mas valeu!" A cena termina com a reunião do grupo segurando um objeto que denominaram tocha e juntos repetem suas respectivas palavras.

Os componentes do subgrupo explicam que todos os participantes representavam uma única pessoa envolvida com o processo de organização da festa. Comentam que foi fácil criar a cena, somar práticas assertivas. "Foi muito legal, houve flexibilidade, houve trabalho em equipe [...] Como não sabíamos o que vinha primeiro, depois resolvemos fazer uma roda. Tudo vem junto". A participante 1 diz: "Pensamos que existem pessoas que têm coragem, mas não sabe que tem corajoso nato". A participante 18 fala "que o importante do assertivo é não ofender o outro. Assertividade está ligada à maturidade, [...] não temos o direito de ofender o outro ao sermos assertivos. [...] Para conseguir a assertividade temos que ter autonomia". O grupo explica ainda: "Tínhamos programado passar a tocha da confiança, autonomia, coragem e assertividade".

O segundo subgrupo foi formado pelas participantes 14, 10, 6, 12 e 4, proprietárias das seguintes palavras: competência, desafio, estresse, passividade e autodisciplina, respectivamente. O nome dado à cena foi "dia-a-dia".

Os componentes do grupo formam um círculo. A participante 10 diz: "Tenho um desafio, preparar a festa da empresa. O que vou precisar...". A participante 12 afirma: "Vou providenciar". A 6 diz: "[...]um bolo, mas para quem eu vou pedir, sei que não vou conseguir. [...] Calma! [...]Pense na prioridade". A participante 14 diz: "Graças a Deus deu tudo certo. Graças à minha competência". E a 4 complementa: "Graças à minha autodisciplina deu certo".

Nos comentários do grupo, a participante 10 diz que foram lembrados vários desafios. A participante 12 complementa dizendo que "é importante ajudar o outro". E "tem momento de parar", segundo a participante 6 "e aí vem a competência. Esse é o nosso dia-a-dia", completa a participante 14. "Eu achei legal o processo, foi bem participativo", acrescenta a participante 10. "É uma reali-

O TRABALHADOR NO MUNDO CONTEMPORÂNEO   199

dade. Ficou claro que a cena era uma pessoa só", explica a participante 12, que continua: "A princípio nós íamos ficar juntas, mas ia dificultar a fala. Eu era a fala para focar que era uma só profissional. Você é passiva, quando recebe a tarefa fica estressada, tem muitas funções. E a competência é quando prioriza as tarefas e executa", conclui.

O terceiro subgrupo foi formado por duas participantes: a 9, que tinha a palavra flexibilidade, e a 20, com a palavra maturidade. O nome dado à cena foi "Bater Papinho".

Toca o telefone. A participante 20 diz: "Oi, tudo bem? Estou ligando para arejar as idéias". Participante 9 pergunta: "Qual é o problema?" A participante 20 responde: "A insatisfação das pessoas é difícil de administrar. Querem porque querem a sala aqui em cima para fazer aniversários e festinhas, mas a sala agora está sempre reservada". A participante 9 pergunta: "Mas para quê?", e a 20 responde: "Para cliente ou treinamento interno, e o pessoal não entende. Já falei com eles sobre a sala, que é importante que o cliente esteja satisfeito. O pessoal tem que entender isso". A participante 9 intercede dizendo: "Se Deus quiser, vamos conseguir que entendam que o importante não é a sala, mas a festa". A participante 20 desliga, falando: "Valeu o papo, obrigada".

A dupla autora da cena comenta que no começo foi difícil. "Depois resolvemos bater um papo que envolvesse flexibilidade e maturidade. Acho que a gente tem que trabalhar no papo", explica a participante 20.

O quarto subgrupo foi formado pelas participantes 8, 5, 19 e 15, proprietários das palavras autoconhecimento, disciplina, fazer escolhas e atualidade, respectivamente. Não foi dado nome à cena.

A participante 8, representando o chefe, diz: "Bom dia. Vou passar para vocês o que foi dito na reunião. Vamos só esperar a participante 15 chegar. A participante 15, o empregado atrasado, chega. O chefe dá início à reunião de repasse, comentando sobre o sistema de controle de ponto, que dá alternativas para os empregados. Cada um pode escolher entre horário fixo ou móvel. A participante 15 diz: "Até parece que voltamos ao cartão de ponto. Que horror! O importante é ser produtivo, não cumprir horário. [...] Eu não consigo chegar às 8 horas. E sair às 17 horas,

200 LUCIA ALMEIDA

que é quando estou melhor. Prefiro o flexível, é mais de acordo com a atualidade". A participante 5 discorda: "Eu prefiro o fixo. Quero chegar às 8 horas e sair às 17 horas. A participante 19 fala: "Flexível, né. Mas isso não quer dizer que tenho que chegar às 8 e começar a trabalhar, "Posso fazer escolhas".

Os componentes do subgrupo comentam que procuraram "usar algo atual, que tivesse a ver com o presente. Trouxe a atualidade, a disciplina da participante 5, que era a certinha. A gente procurou trazer o que tinha em comum, e disciplina não quer dizer agressividade".

Após a fase de comentários foi feita proposta, pela participante 7, de juntar tudo numa única imagem, propondo unir todos os subgrupos num grupo só. "Como podemos unir isso tudo?", perguntou a participante 7. Com base nessa sugestão, que provocou interesse no grupo, o diretor convidou a todos para que se reunissem no contexto dramático. As idéias foram surgindo e sendo experimentadas.

Em primeiro lugar, formaram uma roda com todos de mãos dadas. Não foi satisfatório, e foi então proposto que formassem uma árvore com tronco e galhos. A participante 20 colocou-se espontaneamente como tronco, bem no meio do grupo. A terceira alternativa retomou a forma de roda, mas agora todos unidos, com os braços entrelaçados. A quarta idéia buscou inspiração no monumento à bandeira situado no Ibirapuera, conhecido como "empurra-empurra".

Diante da dificuldade de obter consenso e da expressão corporal de alguns participantes, o diretor solicitou um solilóquio à participante 1, que disse estar agoniada, massificada, assustada, e à participante 15, que declarou estar se sentindo amontoada.

O diretor, então, pergunta quem escolheria reconstruir a árvore e as participantes 10, 18, 4, 20, 7, 14 e 1 aderem à proposta. Representam novamente a árvore, a participante 20 volta a ocupar o lugar do tronco e diz: "Continuo gostando da posição". O grupo que compõe a árvore complementa afirmando que "a árvore tem movimento; mesmo quando podada, ela renasce. Mas é dependente da chuva, de ser cuidada pelo homem".

As demais participantes que não optaram por voltar à representação de árvore resolvem retomar o monumento à bandeira,

O TRABALHADOR NO MUNDO CONTEMPORÂNEO 201

liderados pelas participantes 12 e 18, que propõem que quem estava atrás na primeira montagem da imagem, fique agora na frente, pois "devemos buscar o conforto de todos", segundo a participante 18. A imagem é reconstruída e todos participam. O diretor solicita ao ego-auxiliar que faça espelho com cada um, assumindo temporariamente seu lugar e a expressão corporal e pede à participante substituída pelo ego-auxiliar que olhe atentamente a imagem construída, dando uma volta ao seu redor. Ao final da volta, a participante retoma sua posição na imagem e, se quiser, pode alterar a expressão corporal original. Essa instrução é repetida para cada um, que, dessa forma, pode observar sua própria expressão, assim como a imagem inteira, passando a ter a percepção do conjunto. Após o término dos espelhos, o diretor solicita uma palavra que represente o sentimento de cada participante, utilizando a técnica de solilóquio.

A participante 7 diz "pesado"; a 12, "tranqüila"; a 20, "tolhida"; a 15, "forçada"; a 10, "determinada"; a 5, "equilibrada"; a 2, "natural"; a 14, "desequilibrada"; a 8, "apreensiva"; a 6, "bem"; a 9, "em dúvida"; a 13, "preocupada"; a 19, "certeza"; a 18, "quero mudar de posição"; a 4, "competente" e a 1, "cega".

Após o solilóquio, o diretor resolve contabilizar quem estava se sentindo confortável e desconfortável na imagem. Pela contagem das mãos levantadas para confortável contou sete participantes, sendo, então, que nove estavam desconfortáveis.

O ego-auxiliar observa que "mesmo quem ficou na frente, na primeira fila do monumento, não se considerou confortável, como no caso das participantes 15 e 1. A participante 10, que estava no final, estava bem". O ego-auxiliar continua a falar de sua percepção, dizendo que a escolha final do grupo pelo "empurra-empurra" "representa a realidade da empresa e a dificuldade do papel profissional, que no momento não está fluindo de forma tranqüila. Está sendo necessário empurrar alguns aspectos porque a infra-estrutura da empresa está emperrando".

O diretor comenta que "quando se trabalha com a subjetividade é difícil chegar a consenso. As construções são diferentes porque as histórias de vida são diferentes e algumas coisas são mais fortes para uns do que para outros. E na diferença aprende-

202 LUCIA ALMEIDA

mos muito. É importante também perceber que o papel profissional necessita de constante reavaliação, verificando o que pode ser melhorado".

Avaliação de Reação do Quinto Encontro

O encontro foi...	Estou me sentindo...
Riquíssimo	Esperançosa
Estimulante	Questionadora
Proveitoso	Tranqüila
Produtivo	Satisfeita
Agradável	Tranqüila
Gostoso	Tranqüila
Agradável	Equilibrada
Normal	Tranqüila
Revisão	Tranqüila
Dinâmico	Pensativa
Curioso	Tranqüila
Esperado	Empolgada
Construtivo	Coerente
Objetivo	Satisfeita

Sexto encontro

Data: 30/11/00

O sexto e último encontro do processo de pesquisa visou avaliar a percepção dos participantes quanto às possíveis mudanças em relação ao papel profissional de cada um, levando em conta o aumento de autoconhecimento, desenvolvimento da criatividade, importância do trabalho em equipe e reconhecimento de aprendizado.

No início, o diretor realizou o resgate da avaliação de reação do quinto encontro, destacando algumas palavras e solicitando que seu autor explicasse o significado dado: "esperado" porque a participante espera chegar às quintas-feiras (dia de realização dos encontros), porque é "gostoso" participar do curso; "estimulante/

O TRABALHADOR NO MUNDO CONTEMPORÂNEO **203**

questionadora", referindo-se ao porquê das diferenças na hora em que foi construída a imagem (empurra-empurra) na aula anterior.

O diretor fala sobre a subjetividade humana e que comportamentos, atitudes e emoções são subjetivos, não existindo certo ou errado, melhor ou pior. Existe apenas a necessidade de buscar caminhos que combinem com a gente, sem perder de vista a perspectiva ética e moral.

Em seguida, o diretor retomou o conteúdo da apostila sobre empregabilidade, concluindo a apresentação. Na seqüência, fez uma síntese dos encontros e resultados obtidos em cada um, a fim de recordar o caminho percorrido pelo grupo e prepará-lo para a escolha do momento mais significativo de todo o processo, solicitando que cada participante escolhesse apenas um dos momentos e que fossem formados subgrupos em consonância com as escolhas feitas. Foram constituídos quatro subgrupos que receberam a orientação de criar uma cena ou imagem que representasse o porquê da escolha.

O primeiro subgrupo foi constituído pelas participantes 15, 10, 20, 18, 7, 9, 13, 2 e 4 que escolheu como momento mais significativo o da escultura do papel profissional. Criaram uma imagem onde todas ficaram juntas no centro do contexto dramático, ligeiramente voltadas para baixo. Lentamente foram levantando os braços, até ficarem voltados para trás, num movimento de abertura.

O diretor solicitou que a platéia dissesse qual era a mensagem percebida, a qual fez os seguintes comentários: flor se abrindo; o desabrochar de algo.

Em seguida, o diretor solicitou que os autores da imagem explicassem o significado da representação. O grupo comentou que quiseram representar o desabrochar do autoconhecimento; cada um representou uma pétala que se abriu. Os autores acrescentam que a construção da flor levou em conta as palavras exposição, crescimento, criação, desenvolvimento, flexibilidade, sensibilidade, autoconhecimento, percepção, identificação e verdade. O nome dado pelo grupo para a imagem foi O DESABROCHAR DO AUTOCONHECIMENTO.

O segundo subgrupo foi formado pelos participantes 17 e 8, que consideraram o momento mais significativo a história da evo-

204 LUCIA ALMEIDA

lução do papel profissional. Colocaram-se um de frente para o outro, na posição fetal, e lentamente foram se erguendo até ficarem em pé com os braços e todo o corpo esticado, buscando demonstrar crescimento.

A platéia comenta que percebeu crescimento; que da base até a parte mais alta mostraram evolução, expansão e conteúdo.

As participantes comentam que ambas começaram a trabalhar na empresa na área de produção, que era fechada e possuía uma rotina rígida, e que aos poucos foram adquirindo autonomia ao atuar em outras funções, assumindo mudanças entendidas no sentido positivo de evolução.

O terceiro subgrupo foi composto pelas participantes 12, 1, 14 e 5, que escolheram como momento mais significativo, o "jornal vivo". As participantes posicionaram-se em alturas diferentes, ficando a primeira abaixada e fixa, as demais assumiram posições corporais diferentes, mas todas interligadas. A platéia comentou que percebeu movimento de crescimento com uma base firme; desenvolvimento com alicerce; crescimento.

O grupo autor explicou que buscaram simbolizar por meio de uma árvore a passagem por todas as fases de desenvolvimento. Explicaram ainda que para elas a árvore simboliza coragem porque sofre todas as ações da natureza, porém resiste; é acolhedora porque faz sombra, e tudo isso é importante no papel profissional.

O quarto subgrupo foi constituído pelas participantes 19, 11 e 6 que escolheram como o momento mais significativo aquele em que precisaram deparar-se com a notícia da privatização da empresa. A cena construída mostra uma das participantes lendo uma notícia sobre espanhóis que estão tomando posse da empresa. Outra participante retira-se para procurar emprego e a última se levanta e diz estar indo falar com o dr. Morales (um dos espanhóis) para ver o que ele pode fazer por ela.

Comentários da platéia: a importância de lidar com a realidade, individualidade, o desafio, a competitividade, competição. A participante 11, uma das autoras da cena, comentou que a primeira saiu porque, sendo mais nova (em idade), ia tentar nova colocação e por isso já havia marcado uma entrevista. A participante 6 optou por "puxar o saco" do dr. Morales e tentar ficar na empresa. A participante de pesquisa 11 ficou sentada, meio paralisada e percebeu que não vai poder agir como gostaria, vai ter de

O TRABALHADOR NO MUNDO CONTEMPORÂNEO   205

fazer o mesmo que os demais, ou seja, salvar-se primeiro. O diretor questiona o porquê de ela ficar parada em cena. Responde ter ficado surpresa, paralisada, por ter descoberto que terá que "morder" também. A platéia ri, dando a entender que esse fato pode vir a ser a realidade.

O diretor retomou a reflexão anterior sobre ser comum a preocupação maior de cada um consigo mesmo em situações similares à apresentada, porém sem perder de vista a preocupação com a ética que deve ser respeitada em qualquer situação.

O ego-auxiliar complementa, dizendo que perante toda a discussão ocorrida, diante da necessidade de aprimoramento, da competição existente que tanto incômodo gerou no grupo, é importante lembrar que os concorrentes, que competem pelo mesmo espaço, devem ser considerados os melhores aliados, pois impulsionam o nosso aprimoramento no dia-a-dia.

Na seqüência, foi feita a avaliação afetiva do processo, quando cada um dos participantes colocou um objeto e expôs o significado relativo ao momento da chegada (início do processo de pesquisa) e ao momento de saída (final do processo), respondendo à orientação do diretor: "como eu cheguei... e como estou saindo...".

Participante de Pesquisa	COMO EU CHEGUEI...		COMO ESTOU SAINDO...	
	Objeto	Palavra	Objeto	Palavra
19	Caixa de balas	Idéias a serem expandidas	A mesma caixa de balas	Mais aberta e cheia
11	Folha de papel	Com pouca informação	Outra folha (escrita)	Com mais informações e com espaço para mais
6	Sacolinha de papel	Não sabe o que colocar	Lápis	Tem muito a fazer
14	Caneta	Não sabe ainda o que vai fazer	Papel	Já tem objetivos e o que transmitir
10	Caixa-surpresa	Bonita, mas não sabe o que tem dentro	Jóias da participante 18	Enriquecida
4	Carteira de dinheiro	Com conteúdo mas fechada	Copo com lápis em cima	Aberta e com conteúdo

206 LUCIA ALMEIDA

Participante de Pesquisa	COMO EU CHEGUEI...		COMO ESTOU SAINDO...	
	Objeto	Palavra	Objeto	Palavra
18	Apostila	Com conteúdo	Carteira de dinheiro gorda	Com mais vontade e atenta; (1)
20	Copinho de café	Com poucas marcas	Mesmo copo	Com marcas e resíduos
2	Apostila	Com conteúdo	Apostila	Com um pouco mais de conteúdo
1	Bolsa	Pesada e bagunçada	Chave	Está na mão dela a chave do sucesso
12	Caderno	Com certo conteúdo e fechado	O mesmo caderno	Pode revisar e a parte em branco completar
14	Pacote de presente	Fechado	Mesmo pacote	Realizado, porque vai aplicar o que aprendeu
5	Folha de papel datilografada	Com pouco conteúdo	Outra folha	Com um pouco mais de conteúdo
13	Saquinho	Vazio	Saquinho com presente dentro	Com mais conteúdo
9	Papel	Em branco	Chave	Pode abrir portas/novos caminhos
7	Lápis	Com o objetivo de aprender algo novo	Pilha de copinhos usados	Que não é novo, tem conhecimentos e auto-estima (2)
17	Papel opaco	Pouco conhecimento	Papel laminado	Iluminada, com mais conhecimentos
8	Pacotinho	Apreensiva com o que seria o curso	Caderninho com flores na capa	Conhecimentos para serem aplicados

(1) com mais conhecimento; aumentar o currículo; ir atrás de cursos; conhecimento/dinâmica

(2) necessidade de se atualizar

A pedido das participantes foi feito um amigo secreto adaptado ao tema do curso. A proposta acordada com a unidade funcional foi a de trazerem para os amigos secretos sorteados algo que tivesse relação com as características do papel profissional percebidas durante o decorrer do processo.

Os presentes e as respectivas características percebidas foram:

- Participante 14 recebeu canetas, pela utilidade;
- Participante 12 recebeu um relógio, porque é disciplinada;
- Participante 5 recebeu um anjinho, porque é conservadora e bonita;
- Participante 15 recebeu uma escultura em pedra-sabão (formato de um troféu), porque foi a revelação do grupo; a escultura em posição pensativa – o jeitinho dela;
- Participante 20 recebeu caixa de chocolates, porque é espontânea;
- Participante 19 recebeu caixa-surpresa em madeira (o desafio é abri-la) com pedra somalita. O desafio é porque é uma pessoa lógica, racional e tranqüila;
- Participante 7 recebeu agenda e papel lembrete, porque é organizada;
- Participante 1 recebeu calculadora, por estar sempre organizando tudo e uma coruja de cristal, pelo lado pessoal;
- Participante 11 recebeu porta-caneta, por ser mimosinha, meiga, mas bravinha também;
- Participante 9 recebeu três anjinhos com instrumentos musicais, porque no setor de trabalho ela é o "anjão", corre e ajuda todos. Seu papel cresceu muito e tem facilidade de estar fazendo várias coisas ao mesmo tempo;
- Participante 13 recebeu batom vermelho para dar um empurrãozinho nas mudanças;
- Participante 18 recebeu calculadora com caneta, porque é elétrica;
- Participante 10 recebeu perfuminho em miniatura, pela sua forma de atendimento ao telefone;
- Participante 6 recebeu sais de banho para reduzir o estresse;
- Participante 17 recebeu uma agenda espírita, em razão de sua crença de considerar o desenvolvimento da espiritualidade importante no desempenho do papel profissional;

- Participante 8 recebeu agendinhas porque é organizada;
- Participante 4 recebeu caixa de papéis-cartões com abelhinhas e caneta colorida, porque fica voando;
- Participante 2 recebeu agenda, porque anota tudo, mas o que mais marcou foi o celular (quer sempre ser encontrada).

Comentários gerais do diretor e do ego-auxiliar:

O curso realmente mobilizou a maioria dos participantes, despertando a afetividade, a criatividade e o valor da troca para a vida em grupo, conforme demonstrado nesse último encontro, em particular, pela iniciativa da realização do "amigo secreto", atividade que emergiu espontaneamente do grupo ao final da reunião dedicada à escultura do papel profissional. A escolha dos presentes, em sua maior parte foi adequada às características demonstradas, denotando percepção, criatividade e afeto de todos. Para a unidade funcional, foi um trabalho bastante gratificante de ser conduzido. A parceria entre diretor e ego-auxiliar foi muito boa, tendo havido de fato uma complementaridade na relação da unidade funcional.

LUCIA ALMEIDA nasceu no Rio de Janeiro mas veio para São Paulo aos dez anos de idade e se considera bastante paulistana. Entretanto, a vida tem feito dela uma nômade. Seu primeiro diploma universitário foi o de História, obtido na Universidade de São Paulo (USP). Em seguida morou no Rio de Janeiro, onde ingressou no Serviço Federal de Processamento de Dados (Serpro) – justamente no momento em que a empresa mudava-se para Brasília. E lá se foi Lucia para a capital federal, onde morou por cinco anos.

Em Brasília obteve o diploma de pós-gradução em Treinamento e Desenvolvimento de Recursos Humanos, na União de Negócios e Administração (UNA), na década de 1980. Voltou ao Rio e, após cinco anos, retornou a São Paulo, onde em 2001 fez mestrado em Educação na Universidade São Marcos. No ano seguinte foi para a cidade de Porto Velho, em Rondônia, onde mora um de seus filhos. Atualmente ela trabalha com desenvolvimento de pessoas em empresas públicas e privadas.

Lucia tem especialização em Técnicas Psicodramáticas Aplicadas à Educação pela Associação Brasileira de Psicodrama e Sociodrama e é professora supervisora na Febrap. O psicodrama é sua ferramenta preferida em sua atuação profissional, que soma mais de vinte anos.

LEIA TAMBÉM

TEMAS PROIBIDOS
Ações estratégicas para grupos
Antony Williams
Criativo e original, este livro é dirigido a profissionais que trabalham com grupos, em qualquer área. O título refere-se àqueles assuntos que, inconscientemente, são evitados em nome de lealdades invisíveis, impedindo o grupo de avançar com espontaneidade. Oferece técnicas de aquecimento para provocar transformações. Leitura indispensável para líderes de grupos, em especial na área empresarial. REF. 20524.

EDUCAÇÃO E DESENVOLVIMENTO
(Cadernos de Psicodrama)
Luiza Cristina de A. Ricotta (org.)
O tema "Educação e Desenvolvimento" é aqui apresentado de forma ampla, voltado não só para as práticas e necessidades da escola como também para as necessidades de grupos específicos. As duas abordagens aparecem aqui intimamente ligadas, o desenvolvimento do indivíduo sendo enfocado como conseqüência da tarefa de educar. E tudo isso sob a ótica do psicodrama, em versões originais do pensamento moreniano. REF. 20029.

A ÉTICA NOS GRUPOS
Contribuição do psicodrama
Antonio C. Cesarino; Aníbal Mezher;
Camila S. Gonçalves; Débora Diniz;
Marília J. Marino; Valéria C. A. Brito; Wilson C. de Almeida
São sete autores de primeira linha escrevendo sobre a práxis da ética. Eles abordam temas como a questão do sigilo nos grupos, cidadania e educação, e os conceitos de formação moral e ética que, segundo os autores, "não se ensina mas dá-se como exemplo e constrói-se na relação". REF. 20805.

MITODRAMA
O universo mítico e seu poder de cura
Corintha Maciel
A primeira parte desta obra traz uma bela síntese de mitos e suas interpretações. A segunda parte mostra a aplicação desses conhecimentos no trabalho terapêutico da autora, narrando casos, analisando sonhos e desenhos de pacientes. Recomendado para os terapeutas em geral e para todas as pessoas interessadas em mitologia. REF. 20720.

NO MUNDO COM ALMA
Repensando a vida moderna
Robert Sardello

Nos últimos cem anos, a psicologia tem buscado curar a alma das pessoas. Agora, segundo o autor, psicoterapeuta e pensador, é hora de cuidarmos da alma do mundo. Ele analisa vários aspectos da vida moderna: arquitetura, dinheiro, cidades, medicina e tecnologia, mostrando novas maneiras de usufruir disso tudo. REF. 20513.

MEDITAÇÕES DIRIGIDAS
Roteiros para meditar em diferentes situações de vida
Stephen Levine

Quem gosta de meditar vai encontrar aqui orientações para todos os tipos de situações, de um texto singelo, que traz tranqüilidade, passando por meditações mais profundas, de cura, até as leituras adequadas para o momento da morte. Um excelente guia. Para profissionais e praticantes, experientes ou não. REF. 20521.

STRESS A SEU FAVOR
Como gerenciar sua vida em tempos de crise
Dra. Susan Andrews

Já que evitar o estresse hoje é impossível, a dra. Susan, que é monja, psicóloga e ambientalista, ensina como lidar com ele. Ela explica ao leitor o que está acontecendo com seu corpo quando se estressa e ensina técnicas de relaxamento, respiração, massagem e meditação. O livro é ilustrado, e faz bem para o corpo e para a alma. REF. 20825.

ESTRESSE
Rochelle Simmons

Informações de caráter prático sobre este "mal do século" tão citado e pouco entendido. Descreve a natureza do estresse, técnicas de relaxamento e respiração, ensina a acalmar os sentidos e a gerenciar o estresse de forma positiva. REF. 20708.

UM OLHAR SOBRE A FAMÍLIA
Trajetória e desafios de uma ONG
Célia Valente (org.)

O Centro de Estudos e Assistência à Família (CEAF), que vem desempenhando um papel importante com famílias de baixa renda, com atendimento psicológico, terapêutico e educacional gratuito, completa vinte anos. Anualmente, duas a três mil pessoas passam pelo CEAF, que atua com metodologia própria e é referência na área. Sua história é narrada neste livro, com o objetivo de estimular outros profissionais que trabalham com populações de risco a seguirem os seus passos. REF. 20875.

O FIM DO SILÊNCIO NA VIOLÊNCIA FAMILIAR
Teoria e Prática
Dalka C. A. Ferrari e
Tereza C. C. Vecina (orgs.)

Os artigos aqui reunidos foram escritos por profissionais do Centro de referência às vítimas de violência – CNRVV. O livro aborda temas como a retrospectiva da questão da violência, o modo de funcionamento de uma sociedade e as intervenções possíveis. É uma obra de grande importância para todos os que lidam com esse tema devastador, mostrando que há, sim, saídas possíveis. REF. 20807.

VENCENDO O MEDO
Um livro para pessoas com distúrbios de ansiedade, pânico e fobias
Jerilyn Ross

Um livro que trata de tema emergente e que atinge milhares de pessoas. A autora, psicóloga, ex-fóbica, descreve os distúrbios de forma simples e coloquial. Fala sobre seu método de trabalho, com citações de casos e descrições de exercícios de terapia cognitiva. Recomendado para profissionais e pacientes. REF. 20504.

INVENTÁRIO DE AFETOS
Inquietações, teorias, psicodramas
Devanir Merengué

É proposta do autor fazer com que se entenda o psicodrama "de modo menos embolorado". Não é, pois, um livro acadêmico. São artigos, em estilo coloquial, sobre assuntos como viagens, sexo e arte, que servem de pretexto para provocações intelectuais e emocionais sobre o pensamento moreniano. REF. 20788.

IMPRESSO NA
sumago gráfica editorial ltda
rua itauna, 789   vila maria
02111-031   são paulo   sp
telefax 11 **6955 5636**
sumago@terra.com.br

--- dobre aqui --- --- --- --- --- ---

ISR 40-2146/83
UP AC CENTRAL
DR/São Paulo

CARTA RESPOSTA
NÃO É NECESSÁRIO SELAR

O selo será pago por

SUMMUS EDITORIAL

05999-999 São Paulo-SP

--- --- --- --- --- dobre aqui --- --- --- --- --- ---

CADASTRO PARA MALA-DIRETA

Recorte ou reproduza esta ficha de cadastro, envie completamente preenchida por correio ou fax, e receba informações atualizadas sobre nossos livros.

Nome: _____ Empresa: _____
Endereço: ☐ Res. ☐ Coml. _____ Bairro: _____
CEP: _____ - _____ Cidade: _____ Estado: _____ Tel.: ( ) _____
Fax: ( ) _____ E-mail: _____
Profissão: _____ Professor? ☐ Sim ☐ Não Disciplina: _____ Data de nascimento: _____

1. Você compra livros:
☐ Livrarias ☐ Feiras
☐ Telefone ☐ Correios
☐ Internet ☐ Outros. Especificar: _____

2. Onde você comprou este livro? _____

3. Você busca informações para adquirir livros:
☐ Jornais ☐ Amigos
☐ Revistas ☐ Internet
☐ Professores ☐ Outros. Especificar: _____

4. Áreas de interesse:
☐ Psicologia ☐ Comportamento
☐ Crescimento Interior ☐ Saúde
☐ Astrologia ☐ Vivências, Depoimentos

5. Nestas áreas, alguma sugestão para novos títulos? _____

6. Gostaria de receber o catálogo da editora? ☐ Sim ☐ Não

7. Gostaria de receber o Ágora Notícias? ☐ Sim ☐ Não

Indique um amigo que gostaria de receber a nossa mala-direta

Nome: _____ Empresa: _____
Endereço: ☐ Res. ☐ Coml. _____ Bairro: _____
CEP: _____ - _____ Cidade: _____ Estado: _____ Tel.: ( ) _____
Fax: ( ) _____ E-mail: _____
Profissão: _____ Professor? ☐ Sim ☐ Não Disciplina: _____ Data de nascimento: _____

Editora Ágora

Rua Itapicuru, 613   7º andar   05006-000   São Paulo - SP   Brasil   Tel (11) 3872 3322   Fax (11) 3872 7476
Internet: http://www.editoraagora.com.br   e-mail: agora@editoraagora.com.br